MÉTHODE
DE CARSTAIRS
DITE AMÉRICAINE.

DE L'IMPRIMERIE DE CRAPELET,

RUE DE VAUGIRARD, N° 9.

MANUEL DE CALLIGRAPHIE.

MÉTHODE COMPLÈTE

DE CARSTAIRS

DITE AMÉRICAINE,

ou

L'ART D'ÉCRIRE

EN PEU DE LEÇONS PAR DES MOYENS PROMPTS ET
FACILES,

Renfermant un grand nombre d'observations sur les obstacles qui retardent les progrès des élèves; des Principes sur la taille de la plume; les moyens d'acquérir une belle expédiée, etc., etc.;

TRADUIT DE L'ANGLAIS SUR LA DERNIÈRE ÉDITION,

PAR M. TRÉMERY,

PROFESSEUR D'ÉCRITURE, DE LANGUE FRANÇAISE, ET DE
COMPTABILITÉ COMMERCIALE.

Accompagné d'un Atlas renfermant un grand nombre de modèles mis en français.

NOUVELLE ÉDITION,
REVUE ET CORRIGÉE.

PARIS,

A LA LIBRAIRIE ENCYCLOPÉDIQUE DE RORET,

RUE HAUTEFEUILLE, AU COIN DE CELLE DU BATTOIR.

TRÉMERY, RUE DU COQ-SAINT-HONORÉ, N° 8.

AVIS.

Classe de Langue française, de Géographie, d'Arithmétique, de Tenue de Livres et d'Écriture, dirigée par M. Trémery, Membre de la Société grammaticale, de la Société des méthodes d'enseignement, et Auteur de plusieurs ouvrages sur l'Éducation.

Classe particulière pour les Dames.

Leçons particulières et en ville.

Rue du Coq-Saint-Honoré, n° 8.

EXTRAIT

Du Rapport de la Société des Méthodes d'en-
seignement sur la traduction du Système
d'écriture de Carstairs, par M. Trémery.

.... M. Trémery a donné une traduction complète de cette méthode qu'il
enseigne depuis plusieurs années. Il a eu le
bon esprit de ne pas reproduire les modèles
anglais que nos élèves ne peuvent copier
avec intérêt; tout en respectant la doctrine
de l'écrivain anglais, M. Trémery n'a pas
cru devoir adopter l'usage de la machine
inventée par M. Carstairs, et qu'il appelle
talantographe. Il a pensé que la surveil-
lance d'un maître pouvait remplacer avec
fruit une potence au bout de laquelle pend
une corde destinée à recevoir le bras de
l'élève pour l'empêcher de reposer sur la
table. Ce mécanisme lui a paru embarras-
sant et inutile..........

...... La traduction de M. Trémery a
l'avantage de la modicité du prix. Nous

devons adresser des remercîmens à ce traducteur pour la communication qu'il nous
a faite de son travail et l'encourager à le
perfectionner en profitant des nouvelles expériences de l'habile Calligraphe anglais.

M. le comte DE LASTEYRIE, *président.*

A. BONIFACE, *rapporteur.*

LOURMAND, *secrétaire.*

Séance du 12 mai 1829.

AVERTISSEMENT

DU TRADUCTEUR.

La méthode de Carstairs dont nous publions une nouvelle édition est maintenant jugée (1). Placé entre les éloges exagérés de ceux qui l'ont importée, et la critique de plusieurs professeurs, le public a dû long-temps balancer avant d'asseoir son jugement sur l'avantage de ce nouveau système. Le temps seul pouvait en démontrer les avantages, et l'expérience a prouvé qu'une écriture expédiée pouvait, par ce procédé, être acquise en un petit nombre de leçons, avantage que n'offre pas l'ancienne méthode, même au bout de deux années d'étude. Si l'on doutait encore de la vérité de cette assertion, il serait facile de s'en convaincre d'après le nombre de maîtres qui enseignent ce nou-

(1) Nous avons publié la *seconde édition* in-octavo oblong, même grandeur que les planches, pour les personnes qui préféreraient cet ouvrage dans ce format.

veau système à Paris, et de ceux qui l'ont propagé dans les départemens.

M. Raynaud, calligraphe, a été un des plus violens détracteurs·de cette méthode; mais cet admirateur zélé des ouvrages des Rossignol et des Roland ne s'élève-t-il pas trop facilement contre tous ceux qui ne suivent pas rigoureusement la route qu'ont parcourue ces célèbres écrivains? Quand l'écriture anglaise s'introduisit dans l'éducation et dans le commerce, il tonna contre ce genre, que maintenant il enseigne et exécute avec autant de goût que de succès. Ce professeur écrivit encore contre les tablettes transparentes de M. Leroy, qui cependant en a obtenu d'heureux résultats. Rossignol, qui vivait cent ans avant ce dernier, ne s'était pas servi des tablettes de M. Leroy : donc ces tablettes ne devaient être d'aucun usage. Telle est la vénération de M. Raynaud pour Rossignol et Roland, que la moindre modification faite à la méthode de ces grands maîtres lui paraît un sacrilège : c'est l'arche d'alliance à laquelle il n'est pas permis de porter la main. Aussi se présenta-t-il le premier dans l'arène pour combattre le système de Carstairs. Il lança dans le public une lettre spirituellement écrite,

suivie de deux *postscriptum*, pour jeter quelque
ridicule sur ceux qui l'avaient importé parmi
nous. Mais plus occupés de leurs élèves, dont
le nombre augmentait tous les jours, que du
soin de repousser les traits qu'on leur lançait,
les antagonistes laissèrent les lettres sans réponse. Peut-être aussi avaient-ils quelques se-
crètes raisons. J'avouerai, avec notre estimable
confrère, qu'il est affligeant de voir les prin-
cipaux passages de Paris tapissés de pièces
d'écriture attribuées à des élèves qui sont cen-
sés n'avoir reçu que douze ou quinze leçons,
lorsque le connaisseur y remarque la main qui
a fait les modèles du maître; mais en me réu-
nissant avec lui de sentimens sur ce point, je
lui ferai observer, 1°. que des meilleures institutions il naît des abus; 2°. que le système de
Carstairs a moins pour but de former une
écriture posée, que de donner une expédiée
libre et élégante. M. Raynaud, dont les talens nous sont connus, non seulement comme
écrivain, mais encore comme arithméticien,
aurait dû appliquer à l'écriture ce précepte
mathématique, *qu'on ne peut comparer entre*
elles que des quantités de même espèce, et distinguer l'écriture posée, propre seulement à

ceux qui se proposent de faire des pièces et des
tableaux, de cette expédiée dont plus des dix-
neuf vingtièmes de la société ont besoin, et
que l'on n'obtiendra jamais en imitant les lignes
géométriques exécutées par Rossignol.

Quant à nous, persuadé de l'avantage de
cette méthode, nous nous sommes empressé
d'en faire jouir le public, en publiant, en 1825,
un précis qui renfermait, outre le texte, un re-
cueil de modèles gravés. Nous avons appris avec
satisfaction que plusieurs professeurs des départemens, à l'aide de cet ouvrage, ont obtenu
des résultats aussi satisfaisans que ceux qui
étaient venus à Paris payer chèrement la permission de l'exploiter (permission dont ils n'a-
vaient pas besoin). Nous ne nous dissimulons
pas que l'empressement que nous avons mis à
communiquer cette méthode au public nous l'a
fait donner incomplète. C'est dans l'intention
de réparer les omissions que nous avons faites,
que nous traduisons l'original anglais, d'après
la dernière édition. Cette traduction aura le
double avantage d'être beaucoup plus complète,
et d'un prix moindre que celle qui a été déjà
publiée.

On se rend facilement compte de l'éloignement que les élèves ont à copier des modèles écrits dans une langue qu'ils ne comprennent pas. Ce motif nous a déterminé à traduire en français les modèles anglais, ou à les remplacer par des citations françaises, en nous conformant aux préceptes que renferme le texte de Carstairs. Nous avons eu soin, dans les exercices, de nous rapprocher de la forme des mots anglais, sans avoir égard à leur signification.

On trouvera dans cet ouvrage une foule de réflexions judicieuses, qui ont été omises dans la traduction qui a précédé la nôtre. L'auteur, loin de disserter longuement sur des formes géométriques, développe son système de manière à exciter l'intérêt des personnes même étrangères à l'art.

Le texte anglais, contenant plusieurs lectures faites dans diverses assemblées, renfermait nécessairement plusieurs répétitions : nous les avons supprimées, ainsi que quelques dissertations, ne les trouvant d'aucune utilité pour le but que nous nous proposons.

Étranger aux discussions qui ont eu lieu entre MM. Carstairs et Audoyer, nous avons cru devoir ne pas en enfler inutilement ce volume. Le titre de *Méthode de Carstairs* , mis en tête de cet ouvrage , montre suffisamment que nous le reconnaissons pour l'auteur de ce système , qui n'eût pas fait une si grande sensation dans le monde s'il n'eût été vraiment digne d'attirer l'attention.

MÉTHODE
DE CARSTAIRS
DITE AMÉRICAINE.

PREMIÈRE PARTIE.

HISTOIRE DE L'ÉCRITURE.

Lux in tenebris lucet.
La lumière brille dans les ténèbres.

Quand la connaissance générale d'un art quelconque en a rendu la pratique et les principes
familiers à chaque classe de la société, les difficultés qui se rattachent à son premier avancement, et qui empêchent ses progrès futurs,
s'oublient trop fréquemment. Simple et facile,
autant que l'expression de nos pensées et de nos
actions, voilà sous quel jour on doit voir la combinaison des caractères alphabétiques. Ce ne fut
cependant qu'après plusieurs siècles et le succès

de plusieurs expériences, que l'écriture fut réduite à un système parfait et généralement pratiqué. Mes auditeurs s'en convaincront facilement par un court résumé de l'histoire de l'écriture, depuis l'instant le plus probable de sa découverte jusqu'à nos jours. L'écriture est supérieurement définie par ces vers du célèbre auteur français Brébeuf :

> .... Cet art ingénieux
> De peindre la parole et de parler aux yeux ;
> Et par des traits divers, de figures tracées,
> Donner de la couleur et du corps aux pensées.

Je vais m'efforcer de développer l'origine de cet art admirable, ses changemens progressifs jusqu'à l'invention d'un alphabet.

C'est un bien beau sujet philosophique, et qui mérite l'attention des plus grands génies, soit de notre nation, soit de toute autre. Nous avons deux manières de communiquer nos idées, l'une à l'aide des sons, l'autre au moyen des caractères ou lettres. Tous les jours il se présente quelque circonstance, quelque occasion de transmettre nos pensées à la postérité, de les faire connaître aux personnes éloignées de nous ; et comme les sons ne s'étendent pas au-delà du moment et du lieu où ils sont prononcés, on a inventé les figures ou caractères pour pouvoir recueillir et conserver nos idées. Le mode de communiquer les idées au moyen de

signes et de figures, consistait d'abord à peindre
la forme et le contour des choses, de sorte que
pour exprimer l'idée d'un homme à cheval, on
représentait la forme de l'un et de l'autre. Nous
apprenons des anciens que le premier degré de
l'écriture était plutôt un contour exact exprimant
la chose, enfin un vrai tableau : ils savaient peindre avant de savoir écrire. Nous en trouvons une
preuve remarquable chez les Mexicains ; ils n'a-
vaient d'autre méthode que d'employer des tableaux pour exprimer leurs sentimens : c'était de
cette manière qu'ils transmettaient leurs lois et
leur histoire.

Il existe encore aujourd'hui un modèle bien
curieux de ces tableaux que faisaient les Indiens
au lieu d'écriture : il est fait par un Mexicain, et
expliqué par lui dans sa propre langue.

Après que les Espagnols lui eurent appris l'usage
des lettres, il traduisit cette explication en espa-
gnol, ensuite en anglais ; et depuis, l'ouvrage, qui
est une histoire de l'empire du Mexique, fut gravé,
.et l'on joignit l'explication au bas des pages : on
croit que l'original est dans la Bibliothèque du roi
de France. Telle fut donc la plus simple et la
première méthode qu'on découvrit et qu'on em-
ploya alors pour perpétuer les idées ; mais les
inconvéniens qui résultaient de l'énorme grandeur
des volumes de pareils ouvrages, forcèrent bientôt
les hommes ingénieux des nations civilisées à in-

venter des méthodes plus abrégées. La plus célèbre
de toutes est celle qu'inventèrent les Égyptiens,
et à laquelle ils donnèrent le nom d'hiéroglyphes ;
par ces moyens l'écriture, qui n'était rien moins
que la peinture chez les Mexicains, devint à la
fois en Égypte la peinture et les caractères, ce
qui constitue entièrement l'écriture hiéroglyphique.

Tel fut le premier degré de perfection qu'é-
prouva cette méthode grossière de conserver les
pensées des hommes ; ils en faisaient usage de trois
manières différentes, ce qui prouve, lorsque nous
consultons la nature du sujet, qu'elles ont été
inventées par degrés et à des époques différentes
. La première méthode consistait à employer la
principale circonstance d'un sujet pour remplir
toute l'action. Quand les Égyptiens voulaient représenter deux armées en bataille rangée, ils
peignaient deux mains, l'une avec un bouclier,
l'autre avec une flèche. La seconde manière, ima-
ginée avec plus d'art, consistait à représenter
l'instrument réel ou métaphysique d'une chose
pour la chose elle-même ; par exemple, un œil et
un sceptre représentaient un monarque. Enfin,
pour représenter une chose, ils se servaient d'une
autre, dans laquelle ils trouvaient de la ressemblance ou de l'analogie ; ainsi l'univers se représentait par un serpent roulé en forme circulaire,
et la diversité de la couleur de ses mouches repré-

sentait les étoiles ; le lion était l'emblème du courage ; un mouton celui de la douceur ; une colombe, de l'innocence, et le taureau, de la force : mais cette manière d'écrire était nécessairement confuse, imparfaite et difficile à comprendre, et malgré tous les secours qu'ont pu donner l'instruction et la science moderne, elle a offert et offre encore beaucoup de difficultés aux recherches et à la sagacité du savant et de l'antiquaire.

Le premier objet de ceux qui inventèrent la peinture hiéroglyphique, était de conserver le souvenir des événemens, de faire connaître les lois aussi-bien que ce qui regarde la régularité des temps et des saisons, et tout ce qui avait rapport aux affaires civiles. A cet effet ils inventèrent des symboles relatifs aux vents et aux productions de l'Égypte.

Par exemple, ce qui intéressait le plus les Égyptiens, était de savoir le retour des vents étésiens, qui rassemblaient des vapeurs dans l'Éthiopie, et qui, par leur souffle, causaient des inondations vers la fin du printemps, du nord au midi ; ils n'étaient pas moins intéressés à savoir le retour du vent du midi qui soufflait les eaux dans la mer Méditerranée ; pour peindre le vent, ils avaient choisi la figure d'un oiseau.

L'oiseau de proie, qui étend ses ailes en regardant au midi comme pour montrer le retour de la chaleur qui renouvellera ses plumes, était le symbole du vent étésien qui souffle du nord au sud.

De l'écriture hiéroglyphique, l'esprit humain arriva à l'emploi de caractères arbitraires, sans analogie ni ressemblance, propres à représenter la forme des objets et toutes les pensées qu'il devenait nécessaire d'exprimer. Telle était la méthode d'écrire chez les Péruviens, qui faisaient usage de petites cordes de différentes couleurs, et par des nœuds de différentes grosseurs et différemment arrangés, trouvaient le moyen de communiquer leurs pensées. Les caractères dont on fait usage en Chine sont encore de ce genre; chaque caractère représente une pensée, c'est un signe qui exprime une chose ou un sujet; conséquemment les caractères des Chinois doivent monter à plus de quatre-vingt mille. A la fin, cependant, les hommes sentirent l'imperfection, l'ambiguité et la prolixité de ces modes adoptés pour parler aux yeux, et commencèrent à apprécier l'avantage d'employer des signes qui ne représentassent pas directement les choses, mais de former des mots employés dans le discours pour exprimer les idées. En observant que le nombre des mots de chaque langue est très grand, et que le nombre des sons articulés, employés dans la formation de ces mots, est comparativement très petit, ils furent amenés à inventer des signes, non pour chaque mot, mais pour les syllabes, dont il est composé, et ils procédèrent ensuite, peu à peu, à la simplification de cette invention, jusqu'à ce qu'on eût enfin adopté un alphabet de lettres.

Il est évident, d'après les livres de Moïse, que les lettres avaient été inventées long-temps avant qu'il vécût, et probablement par les Égyptiens. Les témoignages rassemblés de l'antiquité attestent qu'elles furent d'abord importées en Grèce par Cadmus le Phénicien, qui, suivant la chronologie, était le contemporain de Josué; mais comme les Phéniciens étaient plus connus pour répandre, dans leurs voyages, les sciences qu'ils avaient acquises, que leurs propres inventions, on peut présumer que Cadmus puisa sa connaissance des caractères alphabétiques chez les Égyptiens.

Platon, dans son *Phedo*, attribue absolument l'invention des lettres à Theuth ou Thot l'Égyptien, qu'il suppose avoir été l'Hermès ou le Mercure des Grecs, et Cadmus lui-même était originaire de Thèbes en Égypte.

Il est curieux d'observer que les lettres que nous employons aujourd'hui ressemblent beaucoup, pour les traits, à celles de l'alphabet phénicien.

L'alphabet romain est formé d'après l'alphabet grec, à quelques changemens près; et si les caractères grecs étaient tracés de droite à gauche, selon la méthode des Phéniciens, on verrait que celle des Hébreux, des Phéniciens et des Samaritains est à peu près la même ; les noms distinctifs sont aussi, à peu de chose près, semblables. Les lettres furent d'abord écrites de droite à gauche, et cette manière d'écrire fut en usage chez les Assyriens, les Phéniciens, les Arabes et les Hébreux ; et, d'après des inscriptions très anciennes, il paraît que les Grecs l'ont eux-mêmes pratiquée. Ensuite, les Grecs adoptèrent la manière d'écrire alternativement de droite à gauche et de gauche à droite, ce qu'ils appelaient boustrophédon ; enfin, la direction de la gauche à la droite l'emporta comme étant plus commode et plus naturelle, et cette méthode se répandit dans tous les pays de l'Europe.

Il n'est pas surprenant que nous n'ayons pas d'histoire profane au-delà de trois mille ans : les révolutions du globe, et surtout la longue ignorance universelle de l'art d'écrire, en sont cause. Il y a encore même des nations qui ne font point usage de l'écriture ; cet art n'était connu que chez un petit nombre de nations civilisées, et peu de gens étaient capables de l'exercer : rien n'était plus rare parmi les Français et les Allemands qu'un homme qui sût écrire. Avant le treizième et le quatorzième siècle la plupart des actes étaient sanctionnés seulement par des témoins. Ce fut en France sous Charles VII, en 1454, qu'on commença à écrire les lois des provinces. L'art d'écrire était encore plus rare en Espagne; de là vient que leur histoire est si obscure et si incertaine jusqu'au règne de Ferdinand et Isabelle. Il y a des nations qui ont subjugué une partie du globe, et qui ignoraient l'art d'écrire. Gengiskhan conquit une partie de l'Asie dans le commencement du treizième siècle; mais ce n'est ni de lui ni des Tartares que nous le savons; leur histoire, écrite par les Chinois et traduite par le père Gaubil, mentionne qu'aucun de ces Tartares ne savait écrire : cependant l'écriture était une invention trop intéressante (dit M. Paillasson) pour ne pas être regardée dans le principe comme le plus grand bienfait accordé au genre humain. Toutes les nations, qui en ont successivement acquis la connaissance, ne pouvaient s'empêcher de l'admirer, et sentaient tous les avantages que les hommes pouvaient retirer de cet art, simple en lui-même. L'écriture est devenue trop utile à toutes les nations civilisées pour éprouver le sort de tant d'autres découvertes que l'on a laissé perdre entièrement.

Depuis l'origine de l'écriture jusqu'au règne d'Auguste, il paraît que plusieurs savans en avaient fait l'objet particulier de leurs études, et l'élevèrent enfin à ce degré de perfection qu'elle atteint sous cet empereur.

Au rétablissement des sciences et des arts,

l'écriture fut le premier auquel le monde s'appliqua, comme étant un art utile qui devait conduire à la connaissance de tous les autres.

N'est-il pas étonnant que l'art d'écrire, si nécessaire aux hommes dans toutes les situations de la vie, dont ils ne peuvent contester l'utilité sans devenir un objet de mépris pour leurs semblables ; qu'un art auquel nous sommes redevables de tant de connaissances qui contribuent à étendre notre intelligence, qui adoucit la rudesse de nos mœurs ; n'est-il pas remarquable, dis-je, qu'un art d'une si grande utilité, soit aujourd'hui considéré avec autant d'indifférence qu'il fut recherché avec avidité dans son premier principe imparfait, lorsqu'il manquait de toutes les beautés dont il a été enrichi ?

Il serait inutile de retracer ici les progrès de l'écriture en Angleterre, pendant les temps d'ignorance et de barbarie qui succédèrent à l'expulsion des Romains de la Grande-Bretagne. Ils tirèrent leur alphabet des Grecs, et laissèrent, au milieu des peuples qu'ils conquirent, des traces de leurs arts et de leur littérature. Les conquérans qui avaient délivré la Grande-Bretagne du joug des Romains, avant la descente qu'ils avaient faite en ce pays s'étaient fortement pénétrés des sciences romaines depuis l'invasion de l'Italie par leurs aïeux ; c'est pourquoi tout concourut à établir en Angleterre l'alphabet romain sous différentes

formes ; et les caractères saxons, les vieux caractères anglais, et tant d'autres que l'on découvre
dans nos vieux livres et nos parchemins, sont tous
tirés directement ou indirectement de la même
source, de l'hébreu, premier alphabet du genre
humain.

Il n'est pas sans intérêt, cependant, de comparer l'estime dont a joui cet art dans les différens temps de l'histoire. Depuis le commencement
de l'ère chrétienne il a été encouragé par la protection des plus puissans monarques et par les
philosophes les plus célèbres. Suétone nous dit,
dans la vie d'Auguste, que ce monarque montra
lui-même cet art à son fils. Le grand Constantin
le cultiva avec succès ; c'est pour cela qu'il donna
à Eusébius le conseil de faire écrire ses livres par
d'habiles écrivains, puisqu'ils avaient été com-
posés par de savans auteurs. L'empereur Charle-
magne se plaisait à former les lettres capitales romaines.

Charles V et Charles VII, rois de France, furent de grands amateurs d'écriture : on peut en
dire autant des ministres Colbert et Desmarets ;
la protection que ce dernier accorda à Corbeille,
qu'il fit monter à un emploi avantageux en raison de sa belle écriture, prouve évidemment son
attachement pour les gens de cette profession.

SUBSTANCES EMPLOYÉES POUR L'ÉCRITURE.

Les matériaux qui s'offrirent les premiers à l'esprit des inventeurs des lettres, furent la pierre, le bois et les métaux; et lorsque l'écriture n'était qu'hiéroglyphique, ces matériaux pouvaient répondre au but qu'on se proposait : nous en avons un exemple dans les deux tables de la loi dont les commandemens étaient sur de la pierre. Cet événement est rapporté comme étant arrivé deux mille cinq cent treize ans après la création. Les plus anciens livres, parmi les Romains, étaient appelés *tabulæ*, parce qu'ils étaient faits avec de fines planches, ou des cartons bien polis. Les lois de Solon furent inscrites sur du bois, et les ouvrages d'Hésiode furent écrits sur du plomb, et conservés, quoique effacés, par les habitans de la vallée près de l'Hélion, jusqu'au temps des Pausaniens. Nous savons, par des fragmens d'histoire, que le prophète Ezéchiel et Solon furent contemporains environ six cents ans avant la naissance du Christ. Il faut qu'on ait fait, du vivant d'Ezéchiel, un grand usage de rouleaux, car il en est fait souvent mention dans les prophéties (1) : « Et quand je regardai en haut, une main s'étendit sur moi; j'aperçus qu'elle tenait un rouleau.

---

(1) Ezéchiel, chap. II, vers. 9 et 10.

et elle le déploya devant moi. Il était écrit en dedans et en dehors ; on y voyait des signes de désespoir, le deuil et des vœux. J'entendis de nouveau (1) : Mange ce rouleau, et elle me força de le manger. » Cependant, il est plus à présumer que des tables de bois ou de pierre étaient préférées aux rouleaux, non seulement chez les anciens Juifs, mais encore chez les Païens. C'est pourquoi, pour représenter par des caractères visibles les pensées de l'homme sur de semblables matériaux, on avait plus besoin de l'art de la gravure que de l'écriture, et quand, dans *l'Ancien Testament*, il est question de mots écrits sur la pierre avec un poinçon de fer ou avec la pointe d'un diamant, nous devons plutôt penser qu'il est question de gravure que d'écriture, dans la propre acception du mot.

Par la suite des temps on découvrit l'art d'écrire sur des feuilles de palmier ou de mauve. Pierre de Valle nous dit qu'il y a cent cinquante ans les bramines indiens écrivaient sur des feuilles de palmier, et qu'ils lui firent présent d'un livre composé de ces feuilles. C'était l'usage des anciennes sibylles d'écrire leurs oracles sur des feuilles ; et les juges de Syracuse, en Sicile, avaient coutume d'écrire le nom des bannis sur des feuilles d'olivier. Une autre invention des anciens fut celle des

(1) Ezéchiel, chap. III, vers. 1 et 2.

tablettes que l'on faisait de différentes sortes de bois, mais plus communément de buis; ils le coupaient en petites planchettes minces, et le polissaient très bien : il y avait ordinairement deux, trois ou cinq feuilles sur lesquelles on passait une couche de cire, et on écrivait dessus avec un stylet. Ces tablettes étaient en usage chez les Juifs, dans un temps très reculé de l'histoire; car Salomon conseille à son fils d'écrire ses préceptes sur les tablettes de son cœur, et le prophète Habacuc reçut l'ordre d'écrire une vision et de l'expliquer sur ses tablettes. Mais elle est, à ce qu'il paraît, incompréhensible pour celui qui voudrait la lire. Les autres matériaux ordinaires dont les livres furent faits, et qui remplacèrent les tablettes de bois, furent les papyrus égyptiens et les peaux d'animaux préparées à cet effet. L'habitude d'écrire sur des peaux est bien plus ancienne que celle d'écrire sur des papyrus. Au temps où Alexandre construisit Alexandrie en Égypte, l'usage d'écrire sur des papyrus fut découvert d'abord dans ce pays, et aussitôt cette découverte on supprima toutes les autres manières d'écrire. C'est pourquoi, lorsque Ptolémée Philadelphe conçut le plan d'établir une bibliothèque immense (1), il fit copier

---

(1) Ptolémée n'établit pas une bibliothèque, mais il enrichit de deux cent mille volumes la bibliothèque d'Alexandrie, qui avait été commencée par Ptolémée Lagus.

tous les livres qui la devaient composer sur cette espèce de papier. Ce système se répandit aussi dans tous les autres pays, jusqu'à ce qu'Eumènes, roi de Pergame, s'efforça d'élever une bibliothéque qui surpassât celle d'Alexandrie, et fit défendre l'exportation du papyrus. Ptolémée, pour déjouer les projets d'Eumènes, défendit la transmission d'une matière si précieuse. Dans cet embarras, Eumènes eut recours aux peaux de bêtes apprêtées. C'est pour cette raison qu'on appelle le parchemin *pergamena*, parce qu'il tire son origine de la ville de Pergame. Le papyrus s'appelait, chez les Égyptiens, d'un second nom, celui de *biblos*, mot adopté par les Grecs. C'était une espèce de roseau avec une petite tige entourée d'une grosse touffe; l'écorce était toujours sèche, et quand on l'avait arrachée, on nettoyait toutes les feuilles en baignant le roseau dans l'eau. C'est de là que le mot *liber*, signifiant en latin *écorce d'arbre*, a été employé pour désigner un livre.

Après qu'on eut fait quelque temps usage de papier égyptien, on fit aussi cette découverte dans l'Orient, et depuis ce moment l'usage du papier d'Égypte commença à décliner. On s'en servait encore il y a sept cents ans; mais cent ans après l'usage du papyrus tomba en désuétude. Nous n'avons aucune donnée certaine sur ceux qui, les premiers, firent du papier avec du linge. Mais la plupart de ceux qui ont écrit sur ce sujet,

s'accordent à dire qu'on l'introduisit en Angleterre vers la fin du quatorzième siècle. Il n'était
pas encore connu en Allemagne en 1470, quand
deux hommes y apportèrent cet art de là Gallicie.
Il est probable que l'usage en fut adopté d'après
les nations orientales, qui l'avaient appris des
Chinois, surtout d'après le rapport de plusieurs
savans de ces nations. La réserve d'une grande
quantité de linge pour les besoins du commerce,
ayant considérablement augmenté le prix du papier fait avec cette matière, on fit plusieurs efforts pour ramener à sa blancheur primitive le
papier qui avait déjà servi pour écrire ou pour
peindre, au moyen d'acide qui en faisait déta-
cher l'encre. Un grand nombre de spéculateurs
ont dépensé des sommes considérables à élever
des manufactures de papier de paille. Tous ces
efforts n'ont produit que de mauvais résultats,
ont occasionné des pertes à ceux qui ont fait ces
essais, quoiqu'il semble qu'il n'y ait pas de raison de douter qu'on ne puisse obtenir un corps
substantiel de différentes espèces de végétaux
propres à tous les desseins des manufacturiers.

Nos livres diffèrent singulièrement de la forme
de ceux des anciens, qu'on appelait *rouleaux*
ou *volumes*, du mot *volvere*. Les différentes feuilles
étaient collées bout à bout, et l'on n'écrivait d'ordinaire que d'un côté. Au bout de la dernière
feuille on attachait un bâton rond, sur lequel on

roulait le volume, comme nous faisons aujour-
d'hui de nos cartes géographiques. On trouva
plusieurs de ces rouleaux à Herculanum; mais
avant la découverte de cette grande ville, il n'en
restait à peine qu'un ou deux pour satisfaire la
curiosité des savans. Le plus grand inconvénient
qui résultait de l'usage de ces rouleaux, était la
nécessité à laquelle était réduit le lecteur, de dé-
rouler tout le volume pour en consulter un seul
passage qui pouvait se trouver à la fin du manu-
scrit. Les instrumens dont se servirent d'abord
les hommes pour écrire, étaient propres aux matériaux sur lesquels ils écrivaient, qui, étant,
dans les premiers âges du monde, de la pierre
ou des métaux, demandaient que les premiers
outils fussent de la nature et de la forme de ceux
de nos graveurs, comme étant plus convenables
à cet effet. Dans le livre de Job, il est question
d'une plume de fer, qui signifie un poinçon à
graver; mais dans la suite, quand on eut con-
tracté l'usage d'écrire sur des tablettes de bois
recouvertes de cire, les hommes employèrent des
petits bouts de fer, de cuivre ou d'os. Les Romains appelaient cet instrument *stylet*, et les
Grecs *graphien*. Les feuilles des tablettes étaient
cirées; il était alors facile d'écrire dessus avec le
stylet, et quand on voulait les faire parvenir à
une certaine destination, on attachait les tablettes avec du fil, et on y apposait un cachet.

3

Il fallait que le stylet fût pointu du bout comme
une aiguille, pour que l'on pût écrire; l'autre
bout était large et poli, pour pouvoir effacer
promptement ce qu'on avait mal écrit. Comme
les stylets de fer devenaient des instrumens dangereux entre les mains de gens querelleurs et
méchans, on les défendit au bout de quelque
temps, et on ne permit que ceux en os et en
ivoire. Un chevalier romain, nommé Euxo,
ayant mis son fils à mort, fut attaqué dans le
Forum par la populace, qui le frappa en différentes parties du corps avec les stylets qui étaient
attachés à leurs tablettes; de sorte que peu s'en
fallut qu'il ne fût tué, quoique l'empereur lui-
même interposât son autorité. Prudentius ra-
conte très éloquemment les tourmens que firent
endurer à Bassianus ses élèves, qui s'étaient ar-
més des stylets dont il s'était servi pour leur apprendre à écrire.

« Les uns lui jetaient leurs tablettes à la tête,
« et n'en ramassaient les feuilles qu'ensanglantées,
« tandis que les autres qui avaient commencé
« l'attaque lui perçaient les veines avec leurs
« stylets à écrire. »

Il paraît, d'après ce passage, que beaucoup
de ces tablettes étaient fort lourdes et fort larges,
supposition justifiée par Plaute, qui parle d'un
enfant de sept ans qui fendit la tête de son maître
avec ses tablettes.

Quand on commença à écrire sur des matières moins dures que le cuivre ou le bois, telles, par exemple, que l'écorce d'arbre, les feuilles de palmier, des peaux, ou du papier fait de pelures de jonc, on se servit aussi d'autres instrumens pour écrire. On employait d'abord des roseaux, ensuite des plumes d'oie, de canard, de poule, etc. On dit que l'usage des plumes existe depuis quatre cents ans, quoiqu'on se servît encore des tablettes d'ivoire. Les plumes d'oie sont maintenant d'un usage général en Europe, excepté en Turquie, où l'on préfère les petites baguettes. Les Perses écrivent avec des chalumeaux indiens très petits ; et les Chinois se servent d'une espèce de tube qui contient l'encre dans l'intérieur, et qui n'emplit à volonté le bec que lorsque l'on presse le corps du tube. L'encre que les anciens employaient pour écrire était de différentes couleurs et de différentes compositions. Les Romains, en général, faisaient leur encre avec la suie des fours et des bains, quoique quelques uns cependant se soient servis d'une encre liquide et noire qu'on extrait de la sépia (ou sèche).

ADRESSE DE L'AUTEUR AUX PROFESSEURS.

Il y a dans tous les arts des professeurs qui croient avoir des droits à la célébrité, et il en est fort peu qui n'aient pas la prétention de connaître quelque méthode secrète et nouvelle appli-

cable à leur profession ; et peut-être ne pour-
raient-ils produire à l'appui de leurs prétentions
que quelques additions, certains perfectionnemens
faits à une science déjà connue....

Aucune méthode, quelque utile qu'elle soit,
ne peut attirer tout à coup l'attention de la ma-
jeure partie du public (surtout quand elle est
traitée d'une manière qui diffère beaucoup de
l'opinion générale), et l'on ne doit s'attendre à
lui voir obtenir une préférence décidée, que lorsqu'elle est bien répandue ; et que le mérite en est
apprécié et reconnu.

De tous les arts, et particulièrement de ceux
qui sont le plus utiles à l'homme, à peine en est-
il un qui puisse être comparé à l'écriture, pour
les changemens que cet art a subis depuis sa découverte, jusqu'au degré de perfection à laquelle
il est maintenant arrivé.

Depuis le commencement du siècle présent,
on y a plus travaillé, et elle a subi plus de changemens que durant le cours de plusieurs siècles
antérieurs. Je suppose que la haute considération
dont elle jouit vient de son utilité générale pour
toute nation civilisée, et plus particulièrement
pour la Grande-Bretagne. L'écriture anglaise sur-
passe peut-être toutes les autres pour la beauté,
la finesse, la hardiesse, la netteté, et pour la
facilité avec laquelle on la lit. Il est très vrai que
depuis deux cents ans l'écriture anglaise a eu une

grande supériorité sur celle des autres pays, et qu'aucune contrée ne peut fournir de plus beaux modèles d'écriture gravée et des manuscrits plus parfaits que ceux que l'on trouve dans presque toute l'Angleterre.

Édimbourg est célèbre pour ses excellens écrivains. Le dernier et fameux calligraphe, M. Buttervorth, au milieu d'une infinité d'autres, contribua beaucoup au perfectionnement de cet art admirable; et Londres peut offrir maintenant de très bons écrivains, qui pourraient à peine être égalés dans quelque partie du monde que ce fût (1). N'est-il pas singulier que tant de professeurs excellent dans leur art, et que nous voyions leurs élèves écrire tout au plus passablement? Il est alors évident que la manière d'enseigner est mauvaise. J'ai eu un grand nombre d'élèves qui avaient reçu des leçons de professeurs estimés; cependant ces mêmes élèves écrivaient très mal, parce qu'ils manquaient de principes et de hardiesse.

Dans la plupart des pensions, on consacre beaucoup de temps à l'écriture : n'est-il pas étonnant qu'il en sorte à peine une personne dont l'écri-

---

(1) Il est facile de voir que ce paragraphe n'est placé ici que pour rendre hommage aux écrivains célèbres dont s'honore l'Angleterre. Honneur aux calligraphes anglais ! Honneur aux talens de tous les pays ! mais n'oublions pas que la France peut opposer à l'Angleterre ses Rossignol,

ture puisse être remarquée? Je crois que ce résultat vient d'abord de ce que l'on permet à l'élève de quitter la plume à presque tous les contours de chaque lettre : lui-même s'imagine que par ce procédé les lettres seront mieux formées, et qu'il pourra imiter plus facilement la régularité du modèle qu'il a sous les yeux.

Un autre grand obstacle qui arrête les progrès de cet art, c'est qu'il y a ordinairement trop d'élèves pour un professeur. Si l'élève ne fait pas beaucoup de progrès, on dit quelquefois qu'il n'a pas de goût pour l'écriture; souvent il est puni; on se plaint des fautes d'inattention; mais les trois quarts du temps la faute n'est pas de lui : elle vient de ce qu'on n'a pas employé une méthode graduée pour lui enseigner à écrire.

On ne cherche ici à déverser de blâme sur aucun professeur; ces réflexions portent seulement sur les défauts des anciennes méthodes.

L'auteur respecte infiniment les professeurs; il pense que nulle classe d'hommes n'a plus de droits à la considération. Que seraient les hommes en général sans l'instruction? et rarement on peut

ses Roland, ses Paillasson, ses Tardieu, ses Fouqueur, et plusieurs artistes vivans que je ne nommerai pas, afin de ne blesser ni la modestie de ceux qui tiennent le premier rang, ni l'amour-propre de ceux qui marchent sur leurs traces.

l'acquérir sans de bons maîtres. Il est pénible de dire qu'il n'y a pas d'hommes sur la terre qui soient plus négligés ou moins récompensés que les instituteurs. La plupart d'entre eux passent dix, quinze ou vingt années de leur jeunesse à acquérir les connaissances nécessaires pour remplir les devoirs de leur profession : cependant combien n'en voyons-nous pas qui, souvent, ne se procurent qu'avec beaucoup de peine une chétive existence !

Professeurs distingués, c'est à vous que j'en appelle ! pourquoi donc hésitez-vous à essayer des systèmes qui ont été si utiles à tant d'autres ? pourquoi vous élevez-vous contre les nouveaux procédés ? Est-ce parce qu'ils n'étaient pas connus il y a quelques centaines d'années ?

Craindriez-vous que vos élèves n'apprissent trop vite ? Pourquoi les éloigner de ces méthodes ? pensez-vous qu'elles ne deviendront pas universelles avant peu de temps, ou les croyez-vous inventées par le charlatanisme ?

Calligraphes, vous qui avez consacré plusieurs années d'étude et de travail à cet art que vous enseignez, c'est à vous que je m'adresse pour avoir votre sincère opinion sur mes systèmes que je viens soumettre à votre examen. Si vous êtes convaincus de leur utilité, pourquoi ne pas en faire usage dans vos institutions et dans vos leçons particulières ?

Si plus de vingt années d'expérience et d'appli-

cation sont des titres à la recommandation publique, l'inventeur des systèmes développés dans
cet ouvrage peut à juste titre mériter la bienveillance générale. Le grand nombre de personnes
distinguées qui ont reçu ses leçons, les éloges qu'il
a reçus, ajoutés aux témoignages recommandables
de quelques membres de la famille royale, ceux
des journalistes, et de beaucoup d'autres littéra-
teurs, sont des preuves suffisantes de l'utilité de
ses diverses méthodes.

Fier de ces avantages, il ne doit craindre ni
les mordantes épithètes que lui prodigueront les
égoïstes, ni les attaques d'ignorans pédagogues.

RAISONS QUI ONT DÉTERMINÉ L'AUTEUR A S'ÉCARTER DES ANCIENNES MÉTHODES.

Si j'ai pris la liberté de m'écarter de la route
tracée par nos anciens maîtres, comme je l'ai indiqué dans les lectures suivantes, j'espère qu'on
me le pardonnera, quand on saura que mes raisons ne sont pas l'effet d'un simple caprice, mais
que j'ai eu pour but le désir d'être utile à la société. Peut-être sera-t-il bon de remarquer ici que
les principes développés dans cet ouvrage sont le
résultat d'un travail de plusieurs années et le fruit
d'une longue expérience.

L'usage a été, pendant plusieurs siècles, de
commencer chaque ligne à la gauche de la page,
et de diriger l'écriture vers la droite, jusqu'à la

fin de la ligne. Je ne veux pas dire que ce mode ne doive pas être employé quand l'élève est déjà un peu avancé ; mais j'affirme qu'il est vicieux pendant ses premiers essais. On recommande à un élève, d'après l'ancienne méthode, de tenir sa plume dirigée vers l'épaule ; mais comment peut-il la maintenir dans cette position, quand du premier mouvement la plume porte vers un autre point ? et cette direction aura lieu en proportion de l'éloignement de la plume et du papier, parce que les doigts de dessous restant fixés, alors la main sera positivement tournée vers la droite pour pouvoir diriger l'action de la plume sur le papier (sans quoi, et comme cela arrive souvent, il faudra quitter la plume à chaque demi-lettre, ou la main et la plume doivent sauter d'une lettre à une autre).

Il y a encore d'autres objections à faire contre la manière de permettre à l'élève de quitter la plume en écrivant de gauche à droite. D'abord l'écriture ne peut être qu'inégale, le bras change de position, la pente des lettres ne peut plus être la même, et les lignes deviennent circulaires d'après les positions de la main. On pourrait encore s'élever contre plusieurs habitudes vicieuses : les uns tiennent la main tout-à-fait renversée, beaucoup de gens tiennent leurs doigts raccourcis, et tous à la même longueur.

Si l'on reconnaît que la main doit marcher de

gauche à droite, ce qui a lieu dans l'exercice du système angulaire, on doit aussi remarquer que la main a une grande tendance à être renversée dans ses mouvemens, comme je le puis amplement prouver, ayant enseigné ce système à plusieurs élèves. Je soutiens que la plume doit toujours, dans son exercice, avoir la même position pour une lettre, un mot, et même une phrase.

Pour établir cette habitude, je recommande à l'élève de commencer à écrire, du haut en bas, de longs cahiers, dans une direction perpendiculaire, selon l'exemple que nous donnons dans ce livre, et de se soumettre rigoureusement à la manière de tenir sa plume, ce dont il sera traité spécialement en son lieu.

En suivant ce précepte, l'élève acquerra l'habitude de bien tenir sa plume, ce qui arrive rarement, si cela est jamais arrivé, en employant les moyens publiés jusqu'à ce jour, comme je puis le prouver d'après différens essais et diverses observations faites sur des élèves qui ont appris d'après l'ancien système, ou même d'après toute autre méthode moderne que je connaisse. Qu'on essaie la méthode que j'explique ici, que l'on persévère, je ne doute pas que le résultat ne soit satisfaisant.

Comme l'élève s'habitue de plus en plus à la vraie position de la main, il peut alors s'exercer par degrés à écrire de gauche à droite; mais il faut qu'il ne se livre à cette pratique que lorsque la main est bien assurée. L'on me reprochera sans doute d'avoir fait usage de répétitions en différentes circonstances ; mais on me le pardonnera, si l'on considère que mon but a été de rendre mes explications plus aisées à comprendre.

Ceux qui désirent obtenir une écriture dont les traits soient arrondis, n'y parviendront jamais en suivant le système angulaire (1) : le résultat ne produit que des caractères pointus. Les personnes qui ont appris d'après cette méthode, forment souvent les *m*, les *n*, les *u*, les *i*, sans qu'on les puisse distinguer, et ces lettres sont tellement semblables, que souvent on les prend l'une pour l'autre ; d'où il résulte que quand l'*u* et l'*i* se rencontrent dans un mot, si l'on n'y porte pas une rigoureuse attention, les deux lettres sont prises pour une *m* ; il en sera de même pour la liaison de l'*n* et de l'*i*. Enfin le système angulaire a fait naître des défauts que les maîtres de l'ancienne méthode se sont efforcés de justifier depuis deux ou trois siècles, comme on peut le voir par les anciens traités sur l'art d'écrire, par Champion, Clarke, Snell, et plusieurs autres. En outre l'écriture des personnes qui ont appris par ce système, dégénère en griffonnage au bout de quelques mois :

(1) Par ce système angulaire l'auteur veut désigner un genre d'écriture qui se rapproche beaucoup de notre ancienne écriture coulée.

on voit donc que le remède est pire que le mal.

On m'a demandé pourquoi j'avais démontré le système angulaire. Ma réponse est que beaucoup de gens l'ont admiré, et la vérité est que le changement d'écriture s'obtient plus rapidement.

Mais ceci n'est pas une preuve réelle de sa supériorité pour former ce qu'on appelle une bonne main, quoiqu'il soit vrai qu'il est toujours préférable à une mauvaise écriture.

LECTURE DE CARSTAIRS SUR L'ÉCRITURE.

DIFFICULTÉS DE L'ÉCRITURE.

On a souvent fait des lectures au peuple des états unis de la Grande-Bretagne sur presque toutes les branches d'une éducation soignée et libérale. Cependant l'écriture a rarement attiré l'attention du public, ou du moins elle n'est pas devenue l'objet de recherches intéressantes : l'on en excepte celles qui ont été faites par un petit nombre de professeurs qui, se vouant à l'enseignement de cet art, se sont seuls occupés de quelques observations à cet égard. Un fait en apparence si extraordinaire peut être attribué à deux causes, savoir, à la connaissance généralement répandue de cette science, et à l'impossibilité de donner un air de nouveauté à un art long-temps stationnaire, et avec la théorie duquel nous sommes familiarisés dès l'âge le plus tendre. Cependant il y a une in-

finité de personnes qui dans un âge plus avancé se
trouvent avoir une écriture défectueuse. L'habitude nous accoutume à considérer avec indifférence les sujets les plus importans ; et quand un
art admirable et utile ne nous paraît pas suscep-
tible de perfectionnement, le professeur ne peut
faire connaître que des choses qu'on avait déjà
avancées avant lui. Des dissertations sur un sujet
commun et familier ne peuvent pas exciter la curiosité, et si elles l'excitaient elles ne la satisfe-
raient pas. C'est pour cela que si je n'avais pu faire
que des commentaires sur les principes ordinaires
de l'écriture que l'on enseigne dans les pensions,
et par lesquels l'écolier, après un travail de plusieurs années, n'a qu'une écriture mal formée et
sans hardiesse, je me serais abstenu de présenter
mes observations au public ; je me serais contenté
de suivre dans une humble obscurité le sentier
battu de l'instruction , et de remplir, en suivant
les méthodes employées par mes prédécesseurs,
les devoirs d'un professeur avec goût et persévérance ; mais ayant été amené durant le cours des
travaux de mon état à inventer et à perfectionner
une nouvelle méthode d'écriture qui facilite d'une
manière extraordinaire et incroyable l'étude de cet
art, et qui donne au plus jeune écolier une écriture hardie et rapide, qui eût été autrefois considérée comme le résultat de plusieurs années d'é-
tude, j'espère que mon appel au public sera en-

4

tendu : il a pour but de faire connaître aux élèves la route qu'ils ont à suivre, et d'inspirer un noble enthousiasme pour la propagation d'un système qui a déjà produit un bien général et inappréciable.

En s'efforçant d'éclaircir un sujet aussi peu connu et aussi négligé par les savans et les gens de goût que l'est celui de l'écriture, l'auteur, qui croit avoir besoin de réclamer dans ce moment l'indulgence du public, pense que ses défauts seront excusés quand on fera attention à la situation peu favorable dans laquelle il se trouve placé. L'art qu'il s'occupe à perfectionner n'a jamais été réduit en un système régulier. Les dispositions qu'après de mûres réflexions l'auteur a adoptées à ce sujet, diffèrent beaucoup des vieilles méthodes établies au préjudice du public : il lui a donc été impossible de tirer aucun secours réel des travaux de ses devanciers, et il est obligé d'être en contradiction avec les préjugés de plusieurs de ses auditeurs. Il ose espérer qu'on aura beaucoup d'indulgence pour des fautes qui se glissent naturellement dans l'explication d'un nouveau sujet, et pour ces difficultés qui accompagnent l'exposition de toute vérité qui peut être en contradiction avec les vieilles idées ou les anciennes coutumes des hommes.

Livré pendant long-temps à l'enseignement d'un grand nombre d'élèves qui se recommandent par leur talent, tant dans les bureaux que dans les

maisons de commerce, et ayant eu pendant ce
temps de fréquentes occasions de me convaincre
du succès que mérite ma méthode d'enseigner, je
n'aurais senti qu'imparfaitement ce louable enthousiasme que tout homme doit éprouver pour
l'agrandissement d'une science qu'il a contribué à
étendre et à perfectionner ; j'aurais manqué également à cette commune obligation du plus humble
individu envers le public, quand ses travaux peuvent le conduire à augmenter le bonheur ou les
jouissances du genre humain, si j'étais resté inactif
et indifférent, pour jouir dans une égoïste tran-
quillité des fruits de mon travail. Dévoué à l'honneur et aux progrès de l'art dont je me suis tant
occupé, voulant témoigner ma reconnaissance à
mes amis, et montrer mon zèle pour l'instruction,
je me présente avec humilité devant un auditoire
bienveillant. Ceux qui compareront la promptitude
et la facilité avec laquelle on peut apprendre à
écrire, à la longueur du temps employé d'après
les méthodes de nos pensions, pour montrer même
à l'élève le plus intelligent et le plus laborieux une
mauvaise écriture, qui est encore sujette, lors de
son entrée dans le monde, à dégénérer; et à devenir un griffonnage détestable et illisible ; ceux-
là, dis-je, ne formeront aucun doute sur l'importance de l'objet que l'auteur a en vue. Les va-
cances envoient tous les ans chez leurs parens des
jeunes gens qui, ayant consacré quatre ou cinq

ans à apprendre ce qu'on nomme une belle écriture, sont incapables, soit de donner un trait de plume avec régularité ou précision, soit de faire une seule ligne d'une écriture propre aux affaires. Quand on considère que ces deux choses peuvent être apprises en quinze jours par de grandes personnes, et en deux mois par des enfans, au moyen d'une application modérée, on présume que rien ne contribuera plus à convaincre le public de l'importance de ce sujet.

C'est avec plaisir que j'ai observé les rapides progrès que fait un système d'écriture qui, comme j'ai déjà eu l'honneur de le dire, est entièrement de mon invention. Il fait connaître à l'élève les diverses parties de cet art, et le rend capable de faire, au moyen de principes simples et infaillibles, ce qui n'était autrefois exécuté (si toutefois cela l'était) qu'après d'imparfaites et fatigantes imitations. Un enfant peut, par la méthode employée dans nos écoles publiques, avoir au bout de trois ans de travail une écriture maigre, imparfaite, à force de copier des modèles placés devant lui; mais les modifications que doit subir son écriture, ou même son changement total, pour la rendre propre à la correspondance et aux affaires, ne regardent que lui, et il peut, s'il le veut, se gâter entièrement la main, car on ne s'en occupe nullement. C'est donc à moi de faire connaître une méthode par laquelle tout l'alphabet peut être formé par la combinaison d'un petit nombre de principes simples et faciles. Par exemple, le même mouvement qui fait former un *m* fera former aussi l'*h*, l'*y*, l'*u*, l'*n* et le *p*; de même qu'un *d* sera fait par le même mouvement qui sert à former le *g*, l'*a* et le *q*. Pour éviter la roideur si fréquente dans l'écriture lorsqu'on sort de pension, ou que l'on écrit sans méthode, et pour rendre l'écriture hardie, expédiée, belle et bien formée, il y a plusieurs conditions indispensables :

1°. Il faut que l'élève puisse écrire dans tous les sens du papier avec la même facilité que s'il travaillait comme on le fait habituellement ;

2°. Qu'il acquière et communique au bras et à la main un mouvement habituel et régulier qui soit également applicable à toutes les lettres de l'alphabet, et qui donne, par son exécution, la même inclinaison à toutes les lettres, et observe la même distance entre elles;

3°. Qu'il ne quitte pas la plume à chaque mot, mais qu'il lie, si cela lui est possible, les mots entre eux ;

4°. Que la touche de la plume soit légère et hardie, pour ajouter à l'uniformité du mouvement.

La facilité avec laquelle on peut acquérir toutes ces choses sera encore mieux appréciée si l'on en appelle au témoignage de la plupart de mes élèves qui ont employé mes systèmes, et qui ont parfai-

tement réussi. Quand on réfléchit à l'importance
et à l'utilité de l'écriture, aux difficultés qui s'opposent aux progrès des élèves, et au temps que
l'on consacre à cette étude pour n'acquérir qu'une
connaissance imparfaite, on peut croire qu'un
système au moyen duquel le griffonnage le plus
illisible peut en quelques leçons se changer en
une belle écriture, et qui rend en moins de deux
mois l'élève assez fort pour écrire vite et correctement, peut mériter l'attention, et l'on doit s'attendre à voir cette méthode obtenir l'assentiment
des personnes instruites et des classes commer-
çantes de la société.

Malgré la réforme que j'ai effectuée dans l'écriture, et les facilités que j'ai apportées dans l'enseignement de cet art, je ne me laisse aller à aucun
projet chimérique, à aucune spéculation incertaine, ni à aucun essai hasardé. Les améliorations
que j'ai faites reposent sur les examens les plus
sévères, et ne demandent qu'à être indiquées à
l'observateur pour qu'il puisse les comprendre et
les adopter. Je les fais donc aussi connaître aux
pères de famille qui ne voudraient pas que leurs
enfans dévouassent trois ou quatre années à un
fastidieux et stérile travail dont ils ne profitent
pas, et cela pour l'étude d'un art qui peut s'apprendre en peu de semaines, par ce nouveau système; aux personnes qui sont ou qui doivent être
dans le commerce, pour lesquelles une écriture

belle et expédiée est de première nécessité; aux personnes dont l'éducation a été négligée, et aux femmes de distinction, qui n'ont ordinairement qu'une écriture illisible, la seule que l'on apprenne dans les pensions de demoiselles. Mes lectures donneront les documens les plus intéressans, exprimés d'une manière simple et claire, et appuyés d'exemples-pratiques concluans.

L'écriture, quoique de la plus grande importance dans les affaires et dans le commerce intérieur ou extérieur, et les moindres circonstances de la vie humaine, n'est souvent considérée que comme une chose secondaire, quand on la compare aux diverses branches qui forment l'ensemble de ce qu'on appelle une éducation soignée. On comprendra facilement la vérité de cette assertion, si l'on examine quel est le plan ordinairement suivi dans quelques unes des plus grandes maisons d'éducation. Aussitôt qu'un jeune homme est parvenu à avoir une écriture bien écolière et bien imparfaite, on la lui fait ordinairement négliger pour les langues mortes; il est obligé de porter toute son attention à ses thèmes latins, et pourvu qu'il ne fasse pas de fautes grammaticales, il importe fort peu que son écriture soit lisible ou non; et cependant il arrive souvent qu'après que les jeunes gens sont sortis du collége, ils se destinent aux affaires : alors leur grec et leur latin sont mis de côté, et l'écriture qu'ils avaient né-

gligée devient leur occupation. On ne doit donc
pas s'étonner qu'il y en ait tant qui écrivent tout
au plus médiocrement : à peine y en a-t-il un sur
cinq qui ait une belle main. Les jeunes personnes
atteignent rarement (si jamais elles y atteignent)
à un certain degré de perfection dans l'écriture,
tandis qu'elles réussissent dans la musique, la
danse, le dessin, les langues étrangères (talens
très recommandables sans doute, mais qu'on ne
doit pas acquérir aux dépens de choses plus utiles
encore); quoiqu'elles aient bien certainement beaucoup plus souvent besoin de l'écriture que de ces
talens, elles la négligent cependant très souvent,
au point de ne pas oser montrer ce qu'elles-mêmes
appellent leur griffonnage.

Combien ne voit-on pas de demoiselles et de
jeunes gens qui écrivent si mal, qu'il est extrêmement difficile de déchiffrer leur écriture ?

Le système que je soumets ici à l'examen s'op-
posera tout-à-fait au penchant que l'on a pour les
anciennes habitudes, et corrigera, par quelques
jours d'application, l'écriture la plus incorrecte
et la plus illisible.

Les progrès de plusieurs personnes qui n'avaient
pris que peu de leçons d'après ce système, ont été
si rapides, que les amis avec lesquels elles entre-
tenaient une correspondance, ne concevaient pas
que les nouvelles lettres fussent de la même main
que les anciennes ; ils croyaient qu'elles avaient

été écrites par le secours d'une main étrangère.

Puisqu'il est vrai que chaque art a plus ou moins de prix à nos yeux en raison de son utilité, l'écriture se recommande à la considération publique comme l'un des plus grands biens dont l'homme puisse jouir; chaque effort que l'on tente pour l'améliorer et l'amener au plus haut point de perfection, donne des droits aux encouragemens de la société. Au moyen de l'écriture, les amis se font part de leurs biens et de leurs maux; elle adoucit les chagrins de l'absence, calme les inquiétudes d'un parent, d'un ami; elle donne même au prisonnier solitaire la faculté de pouvoir quelquefois converser avec le monde; elle adoucit les chagrins du poète mélancolique ou ceux de l'infortuné mais contemplatif philosophe.

Dans l'état actuel de la société, l'écriture est devenue une science, non seulement d'utilité publique, mais de nécessité indispensable pour les particuliers. Plusieurs des jeunes gens qui ont reçu mes leçons, ont eu l'occasion de reconnaître l'utilité d'un art dont ceux qui en ont senti le besoin peuvent mieux apprécier la valeur.

M. ***, avant de venir chez moi, était obligé d'employer son épouse à écrire ses lettres, ne pouvant les écrire lui-même. A l'aide du système présent, il est maintenant en état de faire seul toute sa correspondance.

Un autre, M. ***, avec lequel je suis lié, a

manqué dans sa jeunesse plusieurs occasions
d'obtenir de l'avancement à cause de sa mauvaise écriture. Quelle utilité n'eût-il pas retirée à
cette époque d'un système qui aurait amélioré son
écriture en peu de semaines ! Je suis sûr qu'il est
plusieurs de mes auditeurs qui ont connaissance
de semblables circonstances.

Il est donc de la plus grande utilité de faire
ressortir l'importance d'un système par lequel la
connaissance d'un art si nécessaire dans toutes les
relations ordinaires de la vie, peut être obtenue
en peu de semaines, sans beaucoup d'efforts, et
par l'être le moins intelligent. Une fois cette connaissance acquise, le maître la peut transmettre
à ses domestiques, et la mère à ses enfans. Ce
système donne à l'écriture autant d'aisance que
de grâce.

Il est certain que celui qui ne fait usage que du
mouvement de ses doigts, ne pourra pas écrire
un mot de la longueur d'un pouce, s'il ne se sert
du mouvement du bras : cependant, le principal
soin des professeurs, c'est de rappeler sans cesse
le mouvement des doigts comme l'objet le plus
important auquel il faille se livrer.

L'usage facile de la plume est de telle importance pour tout le monde en général, que je ne
m'arrêterai point à faire sentir l'utilité de l'art
d'écrire dans un mode plus moderne que celui
qui a été mis en œuvre jusqu'à ce jour. L'écri-

ture est le premier point et le plus essentiel pour celui qui veut s'adonner aux affaires. Une belle écriture doit l'effet agréable qu'elle produit sur la vue à deux causes différentes, l'œil et la main ; par le premier on obtient la forme et les proportions, par l'autre la hardiesse et la liberté. Si la justesse de l'œil fixe les hauteurs et les distances, la position et le mouvement de la main produisent la hardiesse des pleins, la finesse des déliés, et terminent l'égalité des pentes et la forme des lettres. L'écriture expédiée et élégante étant la plus convenable, tant pour l'usage que pour la beauté, est celle que les hommes d'affaires recommandent. le plus. Puisqu'une écriture libre et hardie, exécutée sans quitter la plume, la rend plus belle et plus lisible, le mode d'enseignement qui contribuera le plus à atteindre ce but sera donc celui que l'on devra préférer. Supposons que la forme et la proportion des lettres soient à la fois bien fixées et bien comprises, et que l'élève ait de bons modèles à suivre, la main se formera et acquerra une exactitude et une facilité qui arriveront progressivement et insensiblement à la perfection, à l'élégance et à la rapidité.

OBSERVATIONS.

Il est extrêmement nécessaire que l'élève comprenne que chaque lettre de l'alphabet a besoin d'être bien formée, qu'il ait de chaque partie séparément une idée juste et claire, et qu'il combine la véritable proportion de chaque lettre en particulier. Le manque d'attention à la forme, aux proportions et à la pente des lettres, à la manière de les coucher, au mouvement et à la tenue de la plume, retarde très souvent les progrès de l'élève, et donne de si mauvaises habitudes pour écrire, qu'on les conserve parfois toute la vie. Chaque professeur doit avoir soin, dans les premiers essais de l'élève, de ne pas souffrir la moindre inattention. Plusieurs s'asseyent, se couchent ou s'étendent sur la table, comme s'ils avaient la vue courte. Ceux qui ont l'habitude de beaucoup écrire doivent avouer que se pencher trop est bien peu agréable ; mais qu'ils apprennent que cette attitude est très contraire à la santé, et peut même conduire à la phthisie, dont ils ressentent souvent l'effet, quoiqu'ils en ignorent la cause. Ceux à qui on n'a pas appris à mouvoir librement la plume, semblent écrire comme si leurs doigts étaient attachés ensemble, et par cela même ont une écriture maigre, roide et illisible.

Quelques uns tiennent leur main droite tellement de côté, qu'elle touche entièrement au papier, et alors la plume est si fort renversée, qu'on ne peut écrire qu'avec le côté droit du tuyau. La pointe de la plume doit se diriger vers l'épaule, et pour la tenir ainsi, il faut qu'elle soit placée entre la seconde et la troisième articulation du premier doigt ; que la plume repose également sur les côtés de la fente, pour former le plein, et que le délié soit relevé avec le côté droit du bec de la plume. Ceux qui trouvent difficile de diriger la plume vers l'épaule, peuvent prendre une petite baguette d'une aune de long, la fixer dans le tube d'une plume, et la tenir de manière que le bout de la baguette reste sur l'épaule. Si l'on trouve quelque difficulté à faire rester facilement le bout de la baguette sur l'épaule, on coudra à l'habit une patte qui puisse la maintenir. On peut faire la patte en ganse large, ou avec du papier remplié qu'on attache avec une forte épingle ; ce qui est plus prompt.

L'élève qui a pris une mauvaise manière de s'asseoir, fera bien d'avoir un cordon autour du dossier de la chaise sur laquelle il s'assied, de le faire passer autour du corps et de l'attacher ensuite au front : ceci le retiendra quand il aura des dispositions à se coucher sur son cahier. On doit toujours prendre cette précaution quand les enfans commencent à apprendre l'écriture, et en les maintenant dans cette position elle deviendra une habitude naturelle. Je crois que *tous les parens et les professeurs* reconnaîtront la nécessité de se soumettre aux *observations ci-dessus*, et s'efforceront de les faire mettre en pratique. J'en appelle au jugement de l'honorable auditoire, pour résoudre s'il est ou s'il n'est pas avantageux, dans quelque science ou quelque art que ce soit, d'employer les moyens indispensables pour venir à la perfection, quand la route en est si simple et si facile?

Si chaque maison d'enseignement adoptait une méthode facile pour démontrer l'écriture par des procédés mécaniques, fondés sur des principes systématiques; si l'on procédait par des leçons graduées, bien rattachées l'une à l'autre, l'élève et le maître se trouveraient tous deux intéressés à la persévérance : le maître serait flatté des progrès visibles de l'élève, l'élève à son tour serait encouragé, et doublerait de zèle, d'activité, d'attention, d'autant qu'il serait promptement convaincu de la rapidité avec laquelle il peut arriver au but de ses travaux. Il arrive rarement que, d'après la méthode ordinaire, le maître ou l'élève s'aperçoive d'un mieux visible et réel à la fin de chaque exercice.

Si je comprends ce que signifie l'enseignement, il renferme une méthode de transmettre la connaissance d'un art à un élève qui ne le comprenait pas auparavant. Peut-on supposer que ce sera assez de travail pour l'enfant, de lui faire faire une page ou deux d'écriture ordinaire sur un cahier de commune grandeur? Dans l'enseignement de l'exercice militaire, de la danse, de la musique, des armes, etc., on voit tous ceux qui s'y livrent avancer des premiers élémens de l'instruction à des progrès visibles, au moyen de leçons systématiques, calculées sur la pratique continuelle, fréquente et journalière de plusieurs heures d'exercice.

Mais il n'en est pas de même pour l'art d'écrire. Quand un jeune homme a quitté la pension, s'il entre dans les bureaux d'un négociant, on le met aux copies de lettres pendant quatre ou cinq ans, pour former son écriture; tandis que s'il avait acquis à sa pension une bonne écriture d'affaires, on pourrait l'employer de suite plus utilement, il recevrait des encouragemens et aurait de l'avancement dans ces mêmes bureaux. Les jeunes gens qui ne se destinent pas à entrer dans les maisons de banque, doivent s'attacher à une écriture libre, facile, coulante, peu serrée; propre enfin à la littérature ou à la correspondance épistolaire; il ne faut pas qu'elle soit ornée de traits ni qu'elle se ressente de la roideur ou de la forme qu'on trouve toujours dans l'écriture de la plupart des commis.

Les personnes avancées en âge, qui par habitude griffonnent faute d'une bonne méthode d'enseignement, pensent rarement qu'il soit utile de s'appliquer à l'amélioration de leur écriture, parce que s'étant familiarisées avec leur vieille méthode;

elles regardent ce soin comme inutile, ou parce qu'elles ne peuvent supporter l'idée de prendre un maître à l'âge de quarante et cinquante ans, ou parce qu'elles supposent qu'étant avancées en âge elles ne pourront faire aucun progrès. Mais je crois que cette défiance provient d'un faux amour-propre, ou bien que ces personnes ne comprennent pas toute l'importance d'une étude qu'elles auraient dû cultiver étant plus jeunes.

On ne peut parvenir à la perfection de l'écriture sans un système régulier déduit d'après quelques premiers principes. Cette opinion est tout-à-fait contraire à celle de lord Chesterfield ; car il dit que tout homme peut former son écriture suivant le caractère qu'il préfère. Mais je puis dire positivement par expérience (et c'est seulement par l'expérience qu'on peut tirer des conclusions), que l'opinion de lord Chesterfield est totalement erronée, et que sans doute il n'a jamais démontré cette science : alors son observation ne peut être fondée que sur l'opinion, et non sur la pratique ou la connaissance de l'art dont il s'agit. On a souvent observé que pour être un excellent poète il fallait l'être en naissant ; cette même observation est applicable au peintre ; mais elle ne peut l'être entièrement à l'écrivain, parce que l'on parvient à bien écrire par un travail mécanique. Cependant ce travail demande du jugement aussi-bien que du goût, si l'on veut produire de belles formes, et combiner les lettres avec symétrie et régularité.

Beaucoup de personnes pensent que l'on peut parvenir à bien écrire par la pratique et l'imitation : sans doute il y en aura qui parviendront à un certain degré, quelques uns même deviendront très forts, mais ce résultat ne peut être général : la pratique et l'imitation sont des moyens insuffisans. Si un long exercice suffisait pour parvenir au degré de la perfection, tous les commis devraient bien écrire ; quelques uns ont l'habitude d'écrire depuis dix, vingt ou trente ans, et cependant leur écriture n'en est pas meilleure. Il arrive, en diverses circonstances, que d'écrire beaucoup gâte la main, et finit par rendre l'écriture illisible.

AUX JEUNES GENS ET AUX PERSONNES D'UN AGE MUR.

Beaucoup de gens, depuis l'âge de vingt ans jusqu'à soixante, éprouvent une grande répugnance à suivre un cours d'instruction (que l'imperfection de leur écriture demanderait). Ils s'imaginent être trop âgés pour apprendre, ou ils ont honte de retourner, comme ils le disent, à l'école. Ils devraient avoir honte, au contraire, d'ignorer un art utile, et même nécessaire ; on ne doit jamais rougir des efforts que l'on fait pour se perfectionner. La présomption et une fausse délicatesse sont souvent des obstacles bien grands à l'avancement , et l'extrême crainte qu'éprouvent beaucoup de personnes à témoigner le désir d'apprendre , peut se ranger au nombre des absurdités dont le monde est rempli. La pensée d'être regardé comme un ignorant, ne devrait-elle pas nous mettre bien au-dessus de toutes les craintes , et nous faire repousser les faux motifs que dictent l'orgueil et de misérables préjugés? Cette idée devrait être un stimulant plutôt qu'un frein.

SUR L'ÉCRITURE DES DAMES.

Il n'est que trop commun de voir l'écriture des dames peu formée et ordinairement griffonnée ; d'autres écrivent d'une façon si illisible, qu'il est presque impossible d'en pouvoir déchiffrer un mot; cela vient de la mauvaise manière qu'on leur a montrée, soit en pension , soit dans l'instruction privée, en leur donnant pour modèles de mauvaises exemples à copier ; ainsi, l'on ne prend aucun soin de leur former une main courante, facile et gracieuse. Quand elles commencent à écrire des lettres , des billets d'invitation, etc. , elles sont obligées d'employer une écriture de leur façon, et par ce moyen finissent par gribouiller, et par ne plus pouvoir former une lettre. Des observations ci-dessus on peut tirer la conclusion suivante : qu'il est nécessaire de procéder par méthode , loin de s'abandonner au hasard et de suivre une pratique incertaine ou une imitation imparfaite.

OBSERVATIONS ADRESSÉES AUX MÉDECINS ET AUX CHIRURGIENS.

Je me suis engagé dans la tâche la plus difficile qu'on puisse imaginer, à l'égard des préjugés profondément enracinés qui existent en faveur de vieux usages et d'anciens systèmes établis. Les ridicules à la mode, et, ce qui est plus à craindre encore, l'amour-propre, deviennent souvent des maux incurables ; le dernier occasionne souvent de grands inconvéniens, et il en résulte des obstacles insurmontables qui s'opposent constamment aux progrès des connaissances universelles.

Les médecins sont très indifférens sur la lisibilité de leur écriture. Quand leurs ordonnances sont portées chez l'apothicaire, il faut que celui-ci en devine le secret, ou qu'il passe pour un ignorant. Réfléchissons maintenant sur la position du pharmacien. Consentira-t-il à passer pour un ignorant ? devinera-t-il la description des drogues ? Et la vie du malade est en jeu, en danger entre l'hiéroglyphe du médecin et l'incertitude du pharmacien qui ne peut se rendre compte de ce qu'a écrit le docteur. Je tiens de respectables pharmaciens qu'ils sont souvent obligés de renvoyer au médecin l'ordonnance qu'il a faite, pour ne pas hasarder la vie du malade. On doit donc

certainement conclure de là qu'il importe que les
médecins, plus que qui que ce soit, écrivent en
caractères distincts et lisibles.

On a souvent observé que les savans n'avaient
pas besoin de bien écrire, et qu'il ne fallait pas
que leur écriture parût être celle d'un écrivain à
gages. Et pourquoi donc un médecin renoncerait-
il à l'avantage d'une belle main, et se contenté-
rait-il d'écrire comme un boueur, un valet? Que
d'absurdités dans ce siècle de lumières!

Puisque les lettres de l'alphabet anglais sont
suffisamment correctes et lisibles, quand on veut
écrire distinctement, et puisque l'habitude de les
former avec uniformité et avec pureté peut s'obtenir aisément et sans beaucoup de travail, il est
très étonnant que tant d'hommes soient si peu
soigneux, et je pourrais dire si indolens sur leur
écriture, étant obligés de s'en servir si souvent.

Mon système actuel d'écriture, appuyé de l'ap-
probation d'un grand nombre d'élèves instruits,
fondé sur des principes si simples et si évidens
par eux-mêmes, qu'il ne peut manquer d'être
compris par le plus ignorant, diffère entièrement
de tous les systèmes connus jusqu'à ce jour. Au
lieu du seul mouvement des doigts, il force l'élève
à employer le mouvement combiné du bras et de
la main. C'est donc d'après ces principes, que
j'ai constamment en vue, que je vais maintenant
procéder à la publication des règles de mon sys-

tème, réclamant l'attention de la jeunesse qui compose mon auditoire, pour les vérités que je vais m'efforcer de prouver, et l'indulgence des personnes d'un âge mûr, pour les fautes et les négligences qu'on ne peut constamment éviter dans une entreprise aussi hardie et aussi importante.

De même que les systèmes de Lancastre et celui du docteur Bell ont obtenu les suffrages du public pour leur simplicité et leur grande utilité, de même ce nouveau système d'écriture a été approuvé et recommandé comme bien au-dessus de toutes les autres méthodes pour la facilité avec laquelle on y peut parvenir. J'ai vu des enfans de cinq ans et au-dessus, qui ne connaissaient même pas une seule lettre, être capables, en quelques semaines, d'écrire avec autant de facilité que ceux qui écrivaient depuis plusieurs années; et des personnes de tout âge, qui étaient habituées à un genre particulier d'écriture depuis plus de vingt ans, ont totalement oublié leur ancienne manière au bout de six semaines d'application.

OBSERVATIONS GÉNÉRALES.

Ayant eu l'occasion de m'étendre sur l'utilité de l'écriture, pour ce qui regarde tous les besoins de la vie, et sur la nécessité absolue de cet art qui contribue à cultiver, à étendre et perfectionner les connaissances humaines, je fatiguerais trop la patience de mes auditeurs, si je répétais de nouveau des explications faciles à comprendre. Cependant, je ne puis résister à la tentation de citer quelques observations fugitives sur l'entêtement de quelques personnes qui prétendent que l'art d'écrire est le pur résultat d'un travail mécanique, qui ne mérite ni les honneurs qu'on lui attribue, ni l'exercice de l'intelligence. L'art d'écrire n'a que trop souvent été considéré par les paresseux, les ignorans et quelques classes de la société, comme un simple travail de patience et d'une persévérance frivole, comme l'objet de la culture de ceux-là seuls qui portent une attention continuelle à des objets insignifians, passant leur temps à former des lignes droites ou courbes, qui ne demandent par elles-mêmes aucun effort de l'esprit humain, et d'une aussi facile exécution pour le philosophe que pour l'écolier. Depuis quelques années ces systèmes préjudiciables se sont malheureusement répandus à un tel point, que dans les cercles à la mode on regardait une belle écriture comme une preuve de stupidité ou de mauvais goût.

L'étudiant et l'homme de lettres trouvent convenable de se mettre au niveau des préjugés du monde, en écrivant leur correspondance en caractères illisibles. Et tel était l'éloignement du clergé pour une belle écriture, que tout individu, dans quelque rang qu'il fût de la société, qui avait une écriture indéchiffrable, était cité pour écrire comme un prêtre. Le fàt qui emploie trois heures de son temps à faire briller ses bottes, à mettre sa cravate, etc., affecte d'être surpris que tout homme d'esprit descende à l'exercice d'un art aussi mesquin et aussi frivole que celui de l'écriture ; et le savant qui recherche l'antiquité d'une momie égyptienne, ou qui fait des dissertations sur des toiles d'araignées, est affligé et surpris de l'assiduité avec laquelle le genre humain poursuit l'étude d'une science si dépourvue de dignité. A des contradicteurs de cette espèce, il est très facile de répondre qu'aucun des arts qui contribuent au bonheur et au commerce du monde, n'est au-dessous de l'attention du génie le plus élevé ; que si quelque chose vaut la peine qu'on l'apprenne, il faut bien l'apprendre, et que si l'art d'écrire est méprisé, comme un art frivole et machinal, par tous ceux qui ne peuvent y atteindre, faute d'étude ou d'intelligence, il sera rarement en butte à la censure ou à la dérision. Toutes les beautés qui ressortent de la justesse d'une proportion donnée, ou de la combinaison fixe et élégante de ces qualités qui frappent simplement les yeux, pourraient donc aussi être appelées mécaniques suivant les envieux et les gens superficiels. Quand un architecte décore ses colonnes, ou qu'il proportionne divers morceaux qui doivent former un grand monument, on

pourrait, d'après ce raisonnement, lui contester
le mérite, la louange d'un esprit calculateur,
parce qu'il travaille sur des matériaux inanimés,
et qu'il a eu recours aux lois ordinaires de la construction mécanique. Quant à ce qui regarde les
ressorts de l'esprit mental pour la conception, y
a-t-il une différence intrinsèque entre l'écrivain
qui produit une pièce d'écriture remarquable
pour la pureté des formes et la composition, et
celui qui, par l'arrangement et la combinaison
des pierres et du mortier, offre un édifice selon
les principes les plus rigoureux de son art, étonnant le vulgaire par sa magnificence, et l'homme
de génie et de goût par la beauté des contours?
Il est vrai que l'impression d'un édifice sur l'esprit
du spectateur est plus imposante et plus agréable
que la plus belle pièce d'écriture ; mais cette impression est tout-à-fait indépendante du savoir et
de l'habileté déployés dans l'exécution. La simple
grandeur d'un morceau d'architecture contribue
à exciter le plaisir, l'étonnement ou la vénération
du spectateur, et l'esprit s'identifie naturellement
par l'admiration d'une telle construction, avec
l'idée de l'énormité du travail nécessaire pour
l'amener à une complète exécution. Quel que soit
le plaisir que l'on éprouve à la contemplation
d'une belle pièce d'écriture, il est tout en faveur
de l'auteur. Il n'existe pas de ces avantages qui
appartiennent à l'art même, et qui contribuent à

exciter dans l'ouvrage du peintre et de l'architecte
ces émotions agréables qui sont à tort attribuées
au génie de l'artiste. Quelque mérite que montre
l'écrivain, il est du moins le sien, et dans l'exécution de ses lettres il est abandonné à son goût,
à son savoir particulier, aussi librement et aussi
décidément que le peintre ou l'architecte.

Mais les assertions de ceux qui prétendent que
l'art d'écrire, pour parvenir à sa perfection,
n'exige que la patience d'un homme stupide, sont
fortement et décidément repoussées par des faits
pris dans l'histoire du genre humain. Malgré la
nécessité absolue de cet art pour les divers rapports de la vie, pour l'extension de l'intelligence
et la conservation de toutes les découvertes utiles
et de toutes les sciences, et de tous les préceptes
qui servent à l'instruction du genre humain;
quoique chaque âge, chaque nation, chaque rang
de la société, ait été également intéressé à la perfection de l'écriture; quoique le philosophe et
l'homme d'état soient redevables à cet art de la
considération dont ils jouissent, cependant il a
fallu la réunion de la sagesse et des connaissances
de quatre mille ans pour en reculer les bornes;
les habitans de l'Europe moderne sont les seuls
qui aient profité des avantages de l'art d'écrire.
Parmi les nations modernes de l'Orient, les Perses
et les Arabes sont forcés d'employer des alphabets
extrêmement complexes et si embarrassés, par

6

l'usage de points et de signes particuliers, que la mémoire suffit à peine pour les conserver, et qu'ils s'opposent à la facilité et à l'expédition.

Les caractères hébreux n'étaient calculés que pour les fragmens d'histoire et d'autres écritures qui demandaient plus d'application que de vitesse; leurs lettres ne pouvaient pas se combiner, et étaient parfois si peu distinctes les unes des autres, qu'un petit trait de plume suffisait pour en défigurer la forme, et jeter dans certains passages une obscurité indéchiffrable. Les Grecs, qui étaient le peuple le plus ingénieux et le plus instruit de l'antiquité, n'avaient d'autre alphabet, pour les besoins de la vie, que leurs caractères historiques, qui étaient si peu susceptibles d'une combinaison rapide, que plusieurs de leurs lettres exigent deux ou trois contours de la plume. Les Grecs étaient si pénétrés de ces imperfections, que ne pouvant adopter un système régulier et complet d'assemblage, ils inventèrent un nombre d'abréviations complexes et libres, qui n'avaient aucune ressemblance avec les lettres qu'elles représentaient. Les Chinois n'ont pas du tout d'alphabet, mais ils ne peuvent exprimer leurs idées que difficilement et imparfaitement, par la combinaison défectueuse de plusieurs centaines de caractères comme figurant confusément sur le papier les différentes manières d'exprimer la pensée. Leurs compositions écrites ont toute l'obscu-

rité, toute la complexité des caractères hiérogly-
phiques.

L'alphabet des Grecs fut adopté par les Romains,
sans autre changement que de réduire les lettres
à des formes plus mécaniques, qui en rendaient
la composition et l'exécution plus difficiles. Embarrassés par l'imperfection de leur alphabet, et
par la lenteur du procédé avec lequel ils écrivaient
et gravaient de longues inscriptions, ils substi-
tuèrent parfois les initiales des mots aux mots
eux-mêmes, et employaient des marques arbitraires pour les terminaisons. Ce mode d'écriture
fut adopté dans les siècles barbares par les moines,
les poètes et les historiens, quoique quelques an-
tiquaires aient prétendu trouver l'origine de notre
alphabet dans la composition mixte du saxon et
du romain; cependant, il semble vraiment qu'il
vient d'une tout autre source. Les employés dans
les cours de justice s'efforcèrent, pour la régularité, d'arrondir les pointes ou les traits horizontaux des lettres romaines; le procédé donna dans
le temps naissance à l'écriture en gros d'aujour-
d'hui, et cette écriture fut par degrés organisée
dans l'ordre du présent alphabet.

Il est inutile de vanter le goût, la patience et
l'industrie de ceux qui opérèrent ce changement.
Un zèle ardent pour les progrès de cet art, et
une infatigable persévérance, étaient les points

caractéristiques de ces hommes distingués; ils ne laissaient refroidir leur enthousiasme par aucune difficulté. L'émulation les mettait à l'abri de l'influence de la négligence, tandis que les protections tendaient à les exciter à de plus. grands et plus heureux efforts. Ils avaient exercé leurs talens dans l'adversité; l'opulence qui couronnait leurs dernières opérations, leur permettait de faire des comparaisons; et un Johnson ou un Shelly, après avoir surmonté les obstacles présentés à leurs travaux par les révolutions du septième siècle, furent à même, dans un temps de paix et de protection qui suivit, de l'enrichir d'une gloire durable par les recherches qu'ils avaient faites dans un temps d'obscurité et d'exil. Les travaux de ces fameux personnages paraîtront dignes de la plus haute considération à l'homme sincère et généreux, ainsi qu'à ceux qui, par une industrie louable et soutenue, ont essayé de marcher sur leurs traces. Quand un tel degré de savoir a été atteint, la perfection même chez leurs successeurs n'a pas droit aux mêmes louanges, par l'effet de la comparaison.

L'auteur de cette méthode, tout en se félicitant de sa bonne fortune, ne peut cependant se dispenser de convenir que ce système aurait été développé avec bien plus de succès et d'une manière bien plus lumineuse par ses savans prédécesseurs ; si lui-même est parvenu à faire quelque chose, que n'auraient pas fait des talens supérieurs !

D'après ces observations préliminaires, après avoir tracé les progrès lents et graduels de l'art d'écrire pendant une longue suite de temps, et après avoir appris, par les leçons de l'expérience, combien il est rare de voir récompenser les travaux des hommes les plus studieux par des découvertes inattendues, celui qui a constamment dirigé tous ses efforts vers le bien public, peut sûrement se flatter du succès qui accompagne ses travaux sans encourir l'imputation de présomption ou d'égoïsme.

Ayant été l'heureux inventeur des nouvelles facilités propres à obtenir la perfection dans l'art d'écrire, je ne regarde pas comme une faible récompense d'avoir l'occasion d'entretenir un auditoire aussi nombreux ; l'attention que vous avez apportée à mes observations est à la fois une preuve de l'intérêt que vous prenez à l'art que tous mes efforts tendent à propager, et de cette candeur avec laquelle vous encouragez toute disposition généreuse d'instruire ou de satisfaire le peuple anglais ; aussi, Messieurs et Mesdames, je me retire le cœur pénétré des plus vifs sentimens de la plus sincère reconnaissance, et non sans un espoir bien cher, qu'entre vous et moi le plaisir et l'avantage ont été réciproques.

AVANTAGE DES COMMIS ET SATISFACTION DES
NÉGOCIANS.

Si les jeunes gens qui sont occupés dans de respectables maisons de banque voulaient se donner
la peine de réfléchir sur toutes les occasions qu'ils
pourraient trouver d'avancer dans la vie, en s'ap-
pliquant, plus qu'ils ne le font, à acquérir une
manière d'écrire prompte et belle, et se pénétrer
de la nécessité de s'adonner à cette branche d'instruction comme un des vrais moyens de hâter
leur avancement, leur rang et leur fortune, ils
feraient sans doute tous leurs efforts pour l'acquérir ; mais combien y en a-t-il qui, lorsqu'une fois
ils ont atteint ce qu'ils appellent une assez bonne
place, emploient leurs heures de loisir à faire tout
ce qui pourrait leur donner les moyens de la conserver, ce qu'il faudrait pour obtenir de l'avancement ? Combien n'y en a-t-il pas, au contraire,
qui, au lieu d'employer leurs soirées à obtenir une
belle écriture et une connaissance approfondie
dans les calculs, préfèrent s'asseoir à une table
de jeu dans les bals ou dans les spectacles, ou
peut-être dans des endroits plus dangereux ? Les
négocians ne préfèrent-ils pas les jeunes gens qui
ont une belle écriture ? Le nombre des négocians
respectables qui ont reçu des leçons d'après ma
méthode, à dessein d'écrire bien eux-mêmes, et
qui l'ont aussi fait montrer à leur famille, prouve

à quel point, dans les affaires, on apprécie une belle main.

Quelle est la première demande que l'on adresse à un commis quand il se présente dans une maison ? n'est-ce pas un échantillon de son écriture, et s'il est au fait des opérations de l'arithmétique ? Il est tout naturel que les commerçans veuillent avoir leurs livres bien tenus, bien écrits et leurs comptes bien justes. Les grands auxiliaires de la tenue des livres sont le rapport parfait d'une belle écriture, avec la justesse et la rapidité des calculs. Les livres bien tenus et bien écrits sont agréables à l'œil de ceux qui ont occasion d'être témoins de leur uniformité et de leur netteté, et donnent au maître une sorte de crédit et de considération.

DÉCLARATION DE M. CARSTAIRS.

Joseph Carstairs déclare et affirme qu'il est l'inventeur des nouveaux et vrais principes de la démonstration de l'art de l'écriture, et de tous les systèmes développés dans cet ouvrage, et soutient en outre que les principes ci-dessus énoncés sont fondés sur des calculs plus applicables au genre de l'écriture anglaise que tout autre mode ancien ; qu'ils tendent à faciliter l'avancement de l'élève, et que la supériorité de ce procédé a été prouvée, non seulement en corrigeant des écritures maigres et griffonnées, mais aussi en exécutant des manuscrits d'un caractère expéditif, régulier et élégant, et propre aux affaires et à toute autre destination.

Ledit Carstairs avance également que, le premier, il a fait des lectures sur lesdits principes d'écriture à Londres et dans diverses provinces de l'Angleterre, et qu'à différentes époques il a donné des lectures publiques sur diverses autres méthodes d'écriture, dont la plupart étaient de son invention, mais qui ont été bassement réclamées par des personnes qui les avaient d'abord apprises de lui. Lesdits principes ont été particulièrement et publiquement examinés et approuvés par son altesse royale feu le duc de Kent, et ont fait obtenir à l'auteur un brevet de son altesse royale le comte de Sussex et de plusieurs membres de la famille royale. De plus, beaucoup de personnes du rang le plus élevé ont reçu des leçons de M. Joseph Carstairs d'après son nouveau procédé.

L'auteur déclare qu'il a formé, d'après cette méthode, un grand nombre d'élèves parmi lesquels sont des ecclésiastiques, des juges, des pairs d'Angleterre, des négocians, des banquiers, etc.

Le public a souvent été trompé sur l'identité du système de M. Carstairs.

Beaucoup de gens ont cru qu'il n'y avait qu'un seul nouveau moyen d'enseigner l'écriture : cela peut être, d'après le nombre de ceux qui professent le système angulaire dont on parle dans cet ouvrage ; mais s'il n'y avait que ce système,

M. Carstairs garantit qu'on ne pourrait pas rendre général ce mode d'enseignement.

Il y a dans l'écriture trois mouvemens distincts qu'il importe de bien distinguer. Il faut encore s'attacher à la position de la main et à la tenue de la plume ; si l'on néglige ces points importans, il est impossible d'avoir du succès dans l'écriture.

DE LA MANIÈRE DE TAILLER LA PLUME.

N'ayant traité de la taille de la plume dans aucune des premières éditions de cet ouvrage, j'ai jugé qu'il pouvait être utile de réparer cette omission. La raison qui m'a fait négliger de donner des instructions sur cette connaissance utile, je dirai plus, indispensable, c'est que j'ai regardé comme presque impossible de le faire d'une manière convenable. La taille de la plume ne peut réellement s'acquérir que par l'observation, l'imitation et la pratique ; je veux dire en examinant opérer une autre personne habile en cet art : ce que l'on regardera comme juste, si l'on considère que le procédé est purement mécanique. Il doit être aussi difficile d'enseigner par des instructions écrites à une personne qui n'aurait jamais tenu un canif, la manière de tailler une bonne plume, qu'il le serait d'enseigner par la même voie à une personne qui n'a jamais connu l'emploi des outils d'un ébéniste, à bien faire une commode. Il est vrai que beaucoup de professeurs ont publié des méthodes pour

tailler les plumes, mais combien peu de personnes
en ont profité! Cependant, pour répondre aux de-
mandes qui m'ont été faites à ce sujet, je vais tâ-
cher de donner des instructions aussi claires que
possible. Je ferai d'abord observer qu'il est essentiel de s'attacher à la qualité des plumes : la plupart des personnes en jugent par la clarté et par
la flexibilité du tube; mais ce mode est trompeur,
et on ne peut s'y fier sous beaucoup de rapports,
car parmi les individus qui les apprêtent, beaucoup emploient toute espèce de moyens pour donner même aux plus mauvaises, l'apparence des
bonnes, afin de les vendre plus vite et d'y gagner
davantage, et l'acheteur s'aperçoit que la clarté
du tube n'ajoute rien à la qualité. Les fermiers
ont depuis quelque temps pris l'habitude d'arra-
cher les plumes de leurs oies avant qu'elles soient
à leur point de maturité, et voilà pourquoi depuis
quelques années on ne trouve que des plumes
dont le tube est mou et faible, telles que le sont
indistinctement toutes les plumes des jeunes oies.
La cinquième et la sixième plume de l'aile ne doivent jamais être employées, parce qu'elles sont
trop faibles. Mais les apprêteurs les rendent propres à la vente par l'apprêt qu'ils leur donnent;
elles passent, quoique mauvaises. La meilleure
manière de choisir de bonnes plumes est de regarder soigneusement le dessus, et de voir si elles
ont au-dessus du tube une tige forte et épaisse, et

pas trop garnie de barbes à l'extrémité; ces barbes doivent être étroites, et commencer juste au milieu de la tige. Le tuyau d'une plume d'oie est ordinairement long de trois pouces, et quelquefois plus, et la partie au-dessus du tuyau doit être d'environ dix pouces ou à peu près; quand elles sont bien garnies, c'est un signe certain que la plume ne vaut rien : elles ont rarement plus de neuf pouces.

Il est impossible même à celui qui a le plus de pratique de tailler une bonne plume s'il n'est muni d'un bon canif, dont il ne doit se servir pour aucun autre usage : il est des personnes qui se servent d'un canif comme d'un couteau, pour couper du pain, des fruits, même des bouts de bois et des crayons, ce qui doit immanquablement émousser la lame, et la rendre hors d'état de tailler une plume. Le côté droit de la lame doit être un peu rond et convexe; la lame doit être étroite pour pouvoir facilement échancrer la plume. Une grosse lame de canif n'est nullement propre à tailler une bonne plume. Par exemple, quelque coupant que soit un rasoir, il sera bien difficile à la personne la plus habile de s'en servir pour tailler une plume avec succès, et la difficulté vient de la largeur de la lame. Celui qui ne sait pas tailler une plume doit maintenant fixer son attention particulière sur les préceptes que je vais donner : en supposant qu'il ait lu la première partie de ce

sujet, il doit infailliblement profiter de ce qui
suit :

Avant de commencer à entamer le tuyau, dé-
tachez environ trois pouces du plumasseau, ensuite avec le dos de la lame raclez tout le dessus
du tube; tenez le tuyau de la plume serré entre
l'index et le pouce de la main gauche, de sorte
que le dos se trouve en haut; que le côté droit du
pouce de la main droite placé près du bout de la
plume lui serve de support; le canif étant tenu
dans la main droite, coupez avec la lame du canif
que vous tenez dirigée vers le bout de la plume
dans une pente oblique (Planche Ire), un petit
morceau du bout du tuyau; ensuite retournez la
plume le dos en bas, et faites la même opération
de l'autre côté, ce qui formera deux angles (n° 2).

Ensuite, avec la lame que vous tenez sur son
plat, ou presque horizontalement, tenant toujours
la plume serrée entre l'index et le pouce de la
main gauche, plaçant le pouce de la main droite
sous la plume, coupez et dégagez environ à un
pouce du bout du tuyau jusqu'aux deux angles, et
avec deux ou trois coups de plus votre plume sera
bonne à fendre. 1°. Dans la partie creuse du bout
introduisez le tranchant du canif dans le dos de
l'entaille, puis placez le médius de la main gauche sous le tuyau de la plume (n° 3); introduisez
la pointe du manche du canif entre le doigt et la
plume; servez-vous-en comme d'un levier dont le

doigt sera le point d'appui., la plume. sera la résistance, et le poignet la puissance. Le pouce gauche doit presser fortement le dos de la plume pour en arrêter la fente, qui s'opérera parfaitement, si l'on a bien raclé le dos comme nous l'avons prescrit plus haut. 2°. Une fois l'incision faite, on peut fendre la plume en la forçant avec le bout d'une autre plume que l'on entre dans la première, ou avec le poinçon qui se trouve à quelques canifs.

Commencez à faire dans la partie évidée du tuyau une entaille à droite et à gauche, à peu près à la hauteur de la fente, si la plume doit être taillée en gros, et un peu plus haut si elle doit être. taillée en fin, en observant surtout d'échancrer chaque côté obliquement jusqu'à ce que les deux côtés soient pointus et exactement de la même longueur (n° 4). 3°. Pressez le pouce de la main droite sur le dos de la fente pour la rendre plus serrée et plus ferme; ensuite, dans le tuyau, introduisez celui d'une autre plume (n° 5); coupez avec le canif un peu de l'épaisseur du tuyau, puis vous raffinez le bout de la plume; relevez votre canif, placez-le obliquement sur la pointe de la plume, de sorte que le bout du canif et la plume forment un angle aigu, et avec le canif (ainsi tenu) coupez du tube aussi peu que possible, et de sorte que le côté droit ait quelque chose de plus long que l'autre, pour que les déliés soient faits avec plus

de délicatesse qu'ils ne le seraient si la plume avait
été surcoupée avec le canif placé horizontalement.
4°. Il est parfois nécessaire, quand la plume a le
tuyau trop dur et trop fort, de racler un peu le
dos de la plume depuis le tube jusqu'au bout, ce
qui lui donne plus de flexibilité, et contribue à
la faire glisser plus librement sur le papier. Une
plume bien fendue facilite non seulement l'écriture, mais fait mieux ressortir les têtes et les
queues des lettres ; si la plume a assez de taillant,
il est mieux qu'elle soit bien fendue, ce qui con-
vient davantage pour l'expédiée. Quelques critiques trouveront peut-être que je suis tombé dans
de fréquentes répétitions ; mais je n'ai écrit ces
instructions ni pour les critiques, ni pour les professeurs, je les ai faites pour les élèves ; j'ai donc
dû m'attacher à la clarté des expressions et non à
l'élégance du style.

DEUXIÈME PARTIE.

MÉTHODE NOUVELLE ET UNIVERSELLE,

INVENTÉE PAR CARSTAIRS,

POUR APPRENDRE L'ART D'ÉCRIRE PAR ANALYSE ET PAR MÉMOIRE ; MÉTHODE PAR LAQUELLE L'ENSEIGNEMENT ET LA CONNAISSANCE DE-MANDENT BEAUCOUP MOINS DE TEMPS.

SUR LA POSITION DE LA MAIN ET LA TENUE DE LA PLUME.

DEPUIS que j'ai écrit mes premières observations sur la manière de tenir la plume, j'ai trouvé plus commode et à la fois plus gracieux de laisser le poignet dirigé à plat (1) sur la table, et cependant

(1) Je ne veux pas dire par ces expressions que le poignet touche la table ou le pupitre, je demande qu'il soit tenu en parallèle avec la table ou le pupitre. Le poignet doit toujours être à la hauteur d'un pouce du pupitre ou de la table ; car s'il devait au contraire s'y reposer, le contact retarderait beaucoup la rapidité du mouvement de la main (*voyez* les planches). Le maître, aussi-bien que l'élève, doit avoir bien soin de veiller à l'élévation et

de l'élever à un pouce environ, et de le faire mouvoir sur la surface des ongles des troisième et quatrième doigts. Cette position facilite bien plus le mouvement que si la main glissait sur le bout des doigts. On peut choisir entre l'une et l'autre de ces positions de la main à volonté; cependant c'est toujours la dernière que j'enseigne maintenant à mes élèves, parce qu'elle donne une assurance extraordinaire à la main et au bras. Il est évident que la main et la plume doivent toujours être dans une élévation ou une position uniforme, au commencement, au milieu et à la fin du même mot et de la même ligne; mais je suis persuadé que nous trouverions à peine neuf personnes sur dix (parmi ceux qui ont appris d'après l'ancienne méthode) qui, lorsqu'elles écrivent l'expédiée, conservent la manière de tenir la main et la plume dans tout un mot, et si elles ne le font pas, l'écriture ne peut paraître ni régulière ni formée. Par exemple, en écrivant une écriture posée, on se

au mouvement du poignet, parce que cette position contribue beaucoup à favoriser les progrès. En se conformant à cette règle on obtiendra bien plus tôt l'habitude de mouvoir sur les ongles. L'élève doit toujours avoir le troisième et le quatrième doigt attachés, jusqu'à ce qu'il soit bien sûr du mouvement. Il serait bon que l'on attachât ainsi les doigts des enfans pendant au moins deux ou trois mois.

sert du petit doigt comme d'un pivot fixe, et les lettres qui suivent sont formées par le mouvement des doigts supérieurs seulement, sans bouger le petit doigt. Quand on écrit l'expédiée, une ligne d'écriture se compose d'un nombre successif de traits et de contours irréguliers, d'où il résulte que la main, en avançant vers la droite, se renverse, et laisse découverte toute sa partie intérieure; changeant d'inclinaison, elle change nécessairement la pente de l'écriture, et la forme de celle-ci devient inégale et irrégulière.

Pour parvenir à une écriture libre il faut porter une rigoureuse attention aux différens mouvemens du bras, de la main et des doigts; de là dépendent la rapidité et la régularité de l'écriture. Durant tout le cours des exercices de l'élève, le plus grand mouvement est celui du bras entier, le second est celui du bras depuis la main jusqu'au coude, appuyé sur la table ou le pupitre, et le dernier et le moindre est celui des doigts; mais lorsque l'élève a acquis tous les mouvemens séparés, on doit alors lui enseigner à combiner ensemble celui des doigts et celui du bras; il est bon que le troisième et le quatrième doigt soient rentrés sous la main pour pouvoir agir sur la surface des ongles, ce qui aidera le mouvement plus qu'en appuyant entièrement sur le bout du petit doigt; que le poignet reste toujours dans la position que nous avons recommandée plus haut. A mon opinion, cette position est la seule que l'on doive enseigner, pour plusieurs raisons, 1°. parce que toute autre élévation de la main et du bras est ensemble incertaine et peu fixe; 2°. si la main varie en écrivant, le bec de la plume varie également : de là naissent l'irrégularité des pentes et l'altération des formes; 3°. si dès le commencement l'on n'enseigne pas à l'élève une bonne et vraie position, il arrive souvent alors que lorsqu'il quitte la pension, s'il est obligé d'écrire vite, sa main se renverse à droite, se met en contact avec le papier ou la table, et alors la plume est tellement renversée, qu'il n'est plus possible d'écrire qu'avec l'angle droit du bec; 4°. le défaut d'attention à la vraie position de la main et à la tenue de la plume, retarde souvent les progrès de l'élève, et lui fait contracter de mauvaises habitudes qu'il conserve toute la vie. Enfin, si la fente de la plume ne porte pas également sur le papier, les pleins ne peuvent point avoir une grosseur uniforme.

Par ma méthode mes élèves apprennent à écrire dans une position perpendiculaire, c'est-à-dire qu'au lieu d'écrire de gauche à droite, l'élève commence au haut de la page, et descend graduellement dans une direction perpendiculaire (sans quitter la plume) jusqu'au bas ; par cette méthode la main et la plume conservent une même élévation, au commencement et à la fin. La méthode précédente, de conserver la vraie position de la main et celle de la plume, donne une liberté étonnante à la main, et mérite essentiellement l'attention. L'importance de cette découverte, les grands avantages qu'on peut en tirer, se feront bien mieux apprécier par l'expérience.

La méthode que je donne de passer d'une lettre à une autre ou d'un mot à un autre, par une continuation de déliés et de traits courbés, ou de lignes droites, doit évidemment donner un mouvement libre et aisé à la main, et si l'élève la pratique constamment, il acquerra beaucoup de hardiesse. Les traits qui joignent les lettres et les mots l'un à l'autre doivent être faits avec légèreté, et à cet effet il faut que le bras ne fasse que glisser sur la table ou sur le pupitre; il ne faut pas non plus presser la plume sur le papier, pour qu'elle ne forme pas les traits trop forts. Cette méthode de tenir la plume légèrement se doit de même observer dans l'écriture en gros. Si la plume ne fait pas les traits du bas assez forts, c'est que la plume n'est pas bien taillée. Le bec de la plume doit répondre au degré de grosseur de l'écriture qu'on se propose de former. Quand la plume est trop fortement pressée sur le papier, elle ne forme jamais un trait pur, et ne produit que des déliés lourds et incertains.

INSTRUCTIONS POUR LES EXEMPLES PLANCHE I.

La méthode suivante est recommandée aux maîtres en général, comme étant applicable aux enfans, aux personnes d'une médiocre capacité et à
celles qui ignorent les premiers élémens de l'écriture. L'auteur a fait tous ses efforts pour réduire
les lettres de l'alphabet à ses premiers principes,
afin d'en faciliter la conception et l'exécution à
l'élève ; cependant il a évité une trop grande con-
cision et une trop grande prolixité. L'élève ayant
appris à faire avec facilité les traits de chaque partie de lettre en particulier, les combinera l'une avec
l'autre et en formera des lettres librement, et le
fera avec plaisir. Le nombre de figures n'excé-
dant pas plus de douze à dix-sept, la forme et la
position des traits seront bien plus tôt saisies et
retenues dans la mémoire que si tout l'alphabet
était numéroté.

Les caractères, dans la première ligne de la
planche I, page 1, comprennent les élémens qui
forment une grande partie des lettres de l'alphabet : il est bon de les apprendre par cœur, en les
écrivant fréquemment, de manière que l'élève
puisse connaître la forme de chaque caractère séparément, tels qu'ils sont indiqués par le numéro
placé sur chacun d'eux ; ensuite l'instructeur fera
imiter à l'élève la lettre qui est placée sous n'importe quel chiffre qu'il lui désigne, jusqu'à ce que

celui-ci puisse classer suffisamment la totalité des lettres dans son esprit. On montrera à l'élève à joindre tous les divers caractères, de manière à pouvoir former toutes les lettres de l'alphabet : ainsi, les caractères qui sont sous les numéros 1 et 2, forment la lettre *a*; ceux sous les numéros 3, 2 et 4, forment la lettre *b*; 5, 6 et 7, le *c*; 1, 3 et 2, le *d*; on réunira ainsi les caractères ensemble, ce qui formera promptement des lettres. L'élève joindra ensuite les lettres pour en former des mots, par exemple : ou le mot *union*, planche I, ou tout autre mot facile, en ayant soin de faire quelques pages de ces caractères chaque jour; il ne faut pas qu'ils aient moins de trois ou quatre pouces de hauteur, ce qui donnera de la liberté aux doigts et préparera l'élève à écrire en fin, librement et hardiment. Quand il a exécuté les modèles gravés sur la planche I, et qu'il est arrivé à un certain degré d'aisance, il peut alors essayer de former les caractères de l'alphabet, en suivant pour modèle la planche II.

L'auteur, après une longue expérience, a trouvé qu'il résultait un très grand avantage de calquer l'écriture sur une feuille de papier mince, en plaçant sous cette feuille le modèle qu'on se propose d'imiter; le papier pelure sera très bon pour cela, parce qu'il est très fin et qu'il supporte bien l'encre. Il sera facile de suivre ainsi la trace d'une écriture en gros à travers le papier fin. Cette dernière méthode est dispendieuse, et ne serait pas assez économique pour un établissement de charité; cependant, de cette manière, on apprendra bien plus vite à écrire, et l'élève atteindra bien plus tôt la perfection : si le maître suit fidèlement ce plan, il en reconnaîtra bientôt tout l'avantage. (Voir page 34.)

INSTRUCTIONS POUR LA PLANCHE II.

Les caractères de la Planche II étant bien combinés, forment la totalité de l'alphabet; ils sont d'une dimension plus petite que les premiers, et dans le commencement il faut les écrire de la hauteur de deux ou trois pouces, comme on le jugera convenable : et quand l'élève aura acquis un certain degré d'habileté, on lui permettra de finir sa page de la grosseur des caractères de cette Planche. Ici il faut montrer à l'élève, comme on a dû le faire pour la première Planche, à former les lettres d'après les caractères partiels et à rassembler les lettres en mots; il y en a un exemple dans la seconde ligne. L'alphabet entier peut se former ainsi : 1 et 2 forment *A*; 16 et 4, le *B*; 5, le *C*; 1 et 16, le *D*; 7 et 5, l'*E*; 13 et 14, l'*F*; 1 et 15, le *G*; 6 et 8, l'*H*; 2, l'*I*; 15, le *J*; 6 et 9, le *K*; 16, l'*L*; 10 deux fois répété et 8, l'*M*; 10 et 8, l'*N*; 1, l'*O*; 3 et 8, le *P*; 1 et 17, le *Q*; 10 et 4, l'*R*; 7 et 11, l'*S*; 16, le *T*; 2 et 2, l'*U*;

8 et 4, le *V*; 2, 2 et 4, le *W*; 12 et 5, l'*X*; 8 et 15, l'*Y*; 4, 7 et 12, le *Z*.

Quand l'élève réussit à former librement les lettres d'après les caractères, il doit s'appliquer à connaître les chiffres qui correspondent à chaque caractère, sans que les numéros soient placés au-dessus. Aussitôt qu'il y aura réussi, le maître l'exercera à écrire, n'importe quel mot, en dictant, d'après les chiffres, jusqu'à ce que le mot soit terminé. Ainsi, par exemple, nous prendrons le mot *commande*; la lettre *c* est le numéro 5, et l'*o* le numéro 1; l'*m*, 10, 10 et 8; la seconde *m*, les mêmes chiffres; l'*a*, 1 et 2; l'*n*, 10 et 8; le *d*, 1 et 16; l'*e*, 7 et.5; ainsi de suite pour tous les mots en général.

Lorsque l'élève peut écrire tous les caractères d'après l'énonciation du chiffre correspondant qu'il a classé dans son esprit, la juste forme et la proportion de chaque lettre, le but que l'on n'atteint qu'en deux ou trois ans d'après l'ancien mode d'enseignement, l'auteur s'engage à le remplir en quelques semaines. Tout professeur d'écriture qui essaiera cette méthode, éprouvera le plaisir de voir avancer ses élèves, et ceux-ci regarderont plutôt cette occupation comme un amusement que comme une tâche à remplir.

PLAN TOUT-A-FAIT NOUVEAU

POUR PROCURER UNE AMÉLIORATION DANS L'ÉCRITURE
DE COMMERCE PAR UN MOUVEMENT PARTICULIER DE
LA MAIN, CONTENANT UNE COMBINAISON CURIEUSE
DES BEAUTÉS ET DES RÉGULARITÉS DE L'ÉCRITURE
ANGLAISE; INVENTÉ PAR J. CARSTAIRS.

———

Puisque l'on a, jusqu'à présent, employé beaucoup de travail et d'argent à l'étude de l'art
d'écrire, et que le degré de talent que les élèves
ont acquis ne répond pas aux soins des maîtres
les plus distingués, on reconnaîtra l'utilité d'un
ouvrage démontrant les principes dont l'auteur
s'est servi pour former un grand nombre d'élèves
qui ont, en peu de temps, appris à écrire avec
pureté, élégance et rapidité. La méthode détaillée
ci-après sera donc une acquisition importante et
utile pour les pères de famille, pour ceux qui
n'ont trouvé qu'un mince avantage dans l'ancien
système d'enseignement, pour les maîtres de
pension qui désirent exciter les progrès rapides
de leurs élèves en leur faisant consacrer à cette
étude le moins de temps possible, et pour ceux
qui sont curieux d'effectuer en quelques semaines
ce que l'on ne peut, en suivant les anciennes

méthodes d'écriture, apprendre en moins de deux ou trois ans que très imparfaitement. Le nombre des élèves qui en ont fait l'expérience, et qui sont tous prêts à attester l'avantage de cet enseignement, est la meilleure preuve que puisse offrir l'auteur pour faire connaître l'excellence de sa méthode.

Première Leçon.

Dans l'intention d'opérer le mouvement du bras, si nécessaire pour écrire librement, je trouve utile, dans les commencemens, d'attacher les doigts, afin d'empêcher le mouvement des articulations. Je prends un ruban de fil de la longueur de huit pouces; je lie les deux premiers doigts et la première phalange du pouce, entre lesquels j'ai fait passer la plume, de sorte que l'élève, pour former ses lettres, est obligé de faire agir le bras. J'attache également, avec un autre ruban, le troisième et le quatrième doigt dans la position voulue; je les serre jusqu'à ce qu'ils se tiennent sous la main, et que la surface des ongles puisse glisser sur le papier : ce qu'on obtient en prenant un morceau de ruban, et en attachant le milieu juste entre les ongles et la première articulation des troisième et quatrième doigts : ensuite avec les deux bouts du ruban on amène les doigts sous la main, de manière à pouvoir nouer le ruban autour du poignet. (*Voyez*

8

la Planche A pour les véritables positions de la main.) Le principal but que l'on se propose, en attachant les premiers doigts et le pouce, est d'empêcher une trop grande flexibilité. Quand l'élève apprend à faire les grands traits et les grands mouvemens, chaque mouvement doit être fait séparément et correctement. Si les doigts avaient la liberté d'agir quand l'élève se livre aux grands exercices du bras et de la main, il s'ensuivrait qu'il n'acquerrait pas le mouvement voulu, par la tendance que tout le monde a (surtout ceux qui ont appris d'après l'ancienne méthode) à mouvoir l'articulation du pouce et celle des deux premiers doigts. Ceux qui désirent acquérir une exécution libre doivent faire en sorte d'obtenir les mouvemens libres du bras, et de s'asseoir dans une position convenable. Le corps doit être droit; ceux qui tiennent à se pencher (ce que je suis loin d'approuver) doivent se reposer sur le bras gauche et laisser le bras droit libre, afin de le mouvoir à volonté. Ne laissez jamais le bras droit peser sur la table, il doit agir sans cesse. Placez droit devant vous le cahier sur lequel vous avez dessein d'écrire, de sorte qu'il soit dans une direction parallèle au côté latéral du pupitre ou de la table. Commencez la première colonne de la Planche IV, page 3, et tâchez de faire les traits (qui ressemblent à une longue *s*) d'une manière bien uniforme entre eux, en observant que dans tous les mouvemens faits par la plume, le bras agisse facilement sur la surface des ongles des doigts de dessous. (*Voyez* mes observations sur la position de la main.) Il ne faut pas que la plume quitte le papier depuis le commencement jusqu'à la fin ; soit qu'elle monte, soit qu'elle descende, la plume ne doit produire que des traits fins. Prolongez cette colonne jusqu'à ce que la plume ne fournisse plus d'encre.

Quand on a acquis à un certain degré la liberté du mouvement, en formant les caractères de la forme d'une longue *s*, il faut passer à la colonne des *m*. Dans cette ligne, comme dans la première, on ne doit pas se permettre de quitter la plume en liant les *m* entre elles par le moyen des liaisons, il faut continuer chaque *m* qui suit en *s*.

Dans la colonne des *h* il sera bon d'observer que ces lettres se lient les unes aux autres sans liaisons bouclées. Les déliés fins doivent s'opérer du bas de chaque jambage. Tout le bras doit se mouvoir dans une direction arrière par le mouvement des articulations du coude et de l'épaule. On devra faire un plus grand nombre de chaque lettre qu'il n'y en a dans la colonne indiquée dans la Planche ; j'engage beaucoup à les prolonger et à les répéter souvent : c'est le seul moyen d'acquérir une grande aisance. Ceci soit dit pour tous les exercices.

La colonne suivante offre la forme des trois *m*

liées entre elles. Pour exercer l'élève, la forme
des liaisons diffère un peu des précédentes, mais
elles peuvent se lier avec facilité. Procédez pour
les colonnes des *y* et des *n*, de même que pour
les colonnes précédentes.

Ne serrez pas trop la plume entre les doigts;
laissez-la lâche, sans la trop appuyer sur le papier. Il est bon pour faire ces exercices de se servir de très grandes feuilles de papier. Les colonnes
doivent être continuées depuis le haut jusqu'en
bas sans quitter la plume. L'élève doit avoir suffisamment d'encre dans sa plume au commencement de chaque colonne. Si les élèves éprouvent
quelque difficulté à tenir la plume jusqu'au bas
de la colonne sans la lever, on leur fera prendre
une plume sèche, c'est-à-dire sans encre, et
exercer leur bras du haut en bas des colonnes.
Cet exercice leur donnera de l'assurance. L'élève
peut encore s'exercer, toujours avec une plume
sèche, sur les modèles du maître ou bien sur les
colonnes d'exemples qui sont sur les planches de
cet ouvrage. En traçant ou en imitant fréquemment avec une plume sèche, l'élève exécutera
naturellement avec moins de répugnance, par la
certitude de ne pas gâter les feuilles de son cahier.
Ceux qui trouvent difficile de faire descendre
leurs colonnes droites jusqu'au bas du papier,
peuvent régler des lignes verticales à égale distance jusqu'en bas de la page.

Deuxième Leçon.

Dans cette leçon (Planche III, page 3) on fait usage de longues lettres; l'élève les trouvera d'abord plus difficiles à cause de leur longueur, mais, quelques jours de pratique les lui rendront bientôt faciles, si l'on a apporté au mouvement que je demande dans la première leçon toute l'attention convenable. Avant de passer à cette leçon, l'élève doit être sûr de la première. Ceci soit dit pour toutes les leçons suivantes, chacune des lettres de cette planche doit être imitée parfaitement. L'inattention sur ce point important pourrait lui faire contracter une mauvaise habitude nuisible à la pente et à la forme de ses lettres. Chaque colonne de cette leçon doit être écrite sans lever la plume de dessus le papier. Les *b* ainsi que les *f* doivent se lier ensemble; les liaisons doivent être bien dégagées. Ce point est indispensable pour deux raisons : la première, parce que ces lettres se joignent mieux, et la seconde, parce que les caractères ont plus de grâce.

Toutes les lettres formées de l'*o*, telles que l'*a*, le *d*, le *g* et le *q*, demandent une attention particulière pour les faire parfaites. La grande difficulté vient de la forme de l'*o* : en joignant le délié à l'*o*, si la plume va à droite ou à gauche du délié, l'*a* a l'apparence de deux lettres, qui sont *ei*, et

le g a quelquefois la forme de *ej* ou d'une longue *s*.
Que l'élève prenne bien garde lorsqu'il aura fini le
délié en retour pour former l'*o*, de descendre parfaitement bien sur le même trait lorsqu'il écrira les
lettres *g*, *q* et *a* de cette leçon. J'ai donné une ligne
d'*a*, *s*, et une ligne de *r*, *s*, pour exercer l'élève à faire
ces lettres au moyen de liaisons bouclées de jonction pour préparer la leçon suivante, qui ne traite
que des liaisons déliées. On verra que le système
est complétement fondé sur les liaisons des lettres
et la jonction des mots. L'élève doit faire de vingt
à cent pages d'exercice avant de passer à la leçon
suivante. On peut, contre l'obligation que j'impose
ici, élever quelques objections à l'égard de la
grande dépense de papier. Que l'on fasse exercer
l'élève sur une ardoise, car une ou deux pages
ne suffiraient pas pour parvenir au but. Il faut
que l'élève s'exerce beaucoup dans le système pour
s'y familiariser ; cet exercice, non seulement lui
donnera de l'assurance (ce qui est beaucoup pour
tout ce qu'on veut apprendre), mais lui fera faire
des progrès plus rapides. Je recommande la même
pratique, la même quantité d'exercices pour
toutes les leçons qui suivent. Le maître doit bien
faire attention à ce que la main de l'élève glisse
sur la surface des ongles des deux derniers doigts.
Pendant tous les exercices, les doigts de l'élève
doivent être attachés, jusqu'à ce qu'il ait obtenu
l'habitude de tenir sa main convenablement et

correctement. Sans cette condition personne ne pourra acquérir les vrais principes de l'écriture.

Troisième Leçon (Planche V, page 4).

Il est d'abord nécessaire d'examiner la différence qui existe entre la forme de l'x dans la première colonne, et celle qu'on lui donne ordinairement. De cette dernière manière on fait l'x en lui donnant la forme de deux c retournés et fixés dos à dos. Comme on éprouve toujours quelque difficulté à former l'x sans lever la plume, la forme que je donne à l'x dans la Planche V répondra au but qu'on se propose dans l'écriture expédiée, et on l'obtiendra très facilement sans que la plume quitte le papier. Faites bien attention ici que la première partie de l'x ressemble beaucoup à celle d'une petite m un peu tournée à gauche par le bas. La seconde partie est comme un petit i, un peu tourné au-dessus vers la droite. L'élève doit donc commencer la première partie de son x comme s'il voulait faire la première partie d'une petite m, en observant de retourner en haut le trait qu'il a continué d'en bas; il redescendra avec le trait qu'il a dirigé d'en haut, en formant la seconde partie à peu près comme un petit i, comme je l'ai dit plus haut, sans quitter la plume pour le former, et il continuera ainsi d'x en x, par le moyen des déliés, jusqu'à ce que la colonne soit remplie.

La lettre *e* est tellement simple dans son exécution que je me bornerai à recommander de faire la boucle dégagée.

J'ai déjà suffisamment indiqué dans la seconde leçon la manière de faire l'*o*.

Les élèves trouvent souvent que l'*s* est difficile à faire sans lever la plume ; elle est à peu près aussi facile que toute autre lettre, si on a le soin de bien retirer la plume en arrondissant vers le bas. Quand l'*s* est faite, retournez de suite du bas par un mouvement rétrograde du bout de l'*s*, de manière à enfiler une ligne sans interruption. Un peu d'habitude rendra bientôt cet exercice facile.

Pour faire le *t* la plume doit revenir du bas du trait, et former un petit trait presque semblable à un *o* vers le milieu ; on continue le délié, qui sert à barrer le *t*, et donne la facilité de le joindre à la lettre qui le suit.

Dans l'*u*, qui à ordinairement la forme de deux *i*, le délié du bas remonte au plein du haut, comme dans l'*o* : mais le haut n'en est pas arrondi.

L'*u* et le *v* se font à peu près de la même manière.

Quatrième Leçon (Planche VI, page 4).

Dans cette leçon on a employé les longues lettres pour lier les grandes lettres aux petites ; mais s'il préfère les boucles, l'élève est libre d'en faire usage. Les lettres de l'alphabet, quelles qu'elles soient, peuvent être liées comme dans la leçon précédente, selon le goût et la volonté de l'élève. La première colonne de cette planche offre à peu près la même figure dans toute la colonne, soit qu'on tienne le papier du haut en bas ou du bas en haut. On remarquera que l'écriture est correcte quand les lettres paraissent bien formées, et même uniforme en la regardant sens dessus dessous. En faisant cette colonne, le bas de l'*h* doit descendre jusqu'au niveau du trait qui va reprendre pour l'*y*, sans quoi la position perpendiculaire de la ligne ne peut être conservée, et les lettres ne pourraient se trouver l'une sur l'autre. Un seul essai suffira pour en convaincre l'élève. Nous recommandons rigoureusement la même position du corps, le même mouvement, la même tenue de la plume, qui, dans aucun cas, ne doit pas plus quitter le papier que dans les leçons précédentes. Il est bien entendu que je demande que l'on exécute rigoureusement mes observations; elles doivent conduire à acquérir l'aisance et la rapidité de l'exécution. Sans ces attentions, l'élève ne doit pas espérer de grands succès; au contraire, s'il se soumet strictement aux instructions données, il peut en espérer de très grands. On peut employer le mouvement de l'articulation des doigts dans toutes les leçons (1),

----

(1) Les préceptes ci-dessus prouvent combien sont peu

mais en même temps il faut y joindre le mouvement libre du bras.

Dans la seconde colonne on doit prendre soin de former l'*a* directement à la même hauteur que le trait qui sert à barrer l'*f*. Les *a* doivent être placés perpendiculairement l'un sous l'autre, et les *f* doivent être parallèles.

Dans la troisième colonne, qui contient l'*h c*, on éprouvera peut-être des difficultés pour donner au *c* sa forme convenable, ayant à revenir sur le délié du haut, après que l'on a fait le point qui forme la tête du *c*.

Le *c* doit ordinairement se faire d'après les mêmes principes que l'*o*, à la tête du *c* près. La difficulté qu'offre cette lettre disparaîtra moyennant un peu de pratique.

---

fondées les déclamations des professeurs qui se sont élevés contre cette méthode, qui, suivant les uns, ne crée que les caractères produits par les mouvemens du bras; suivant les autres, par celui du poignet seulement : de là de grandes phrases pour prouver que l'écriture produite par un seul de ces mouvemens ne peut être que vicieuse. Carstairs a si bien reconnu la nécessité d'employer le mouvement de l'articulation des doigts qu'il donne des exercices au moyen desquels on peut l'acquérir. Il serait bon que ceux qui s'élèvent contre un système quelconque l'eussent étudié auparavant; mais on déclame, on combat, quoi? des chimères qui n'ont existé que dans la tête de ceux qui les combattent.

Dans la colonne *h d*, ayez bien soin de faire joindre le trait du *d* juste avec le dos de l'*o*. Quand le *d* est fait suivant cette forme, si l'on ne fait pas descendre le trait droit du *d* immédiatement sur la partie droite de l'*o*, le *d* aura la forme des deux lettres *o*, *l*, ce qu'il faut éviter autant que possible.

Le *k* est fait absolument comme un *h*, si ce n'est que le milieu de la dernière partie ressemble à une certaine forme d'*r*. Les élèves qui éprouveraient quelques difficultés à faire la dernière partie du *k*, s'exerceraient à la faire seule jusqu'à ce qu'ils aient obtenu la forme demandée. Les monosyllables suivans peuvent se joindre tous ensemble, par le moyen du trait employé dans la première leçon :

Ak, *ek*, *ik*, *ok*; *al*, *el*, *il*, *ol*; *am*, *em*, *im*, *om*; *an*, *en*; *in*, *on*; *ap*, *ep*, *ip*, *op*, *up*; *ar*, *er*, *or*, *ur*; *as*, *es*, *os*, *us*; *at*, *et*, *it*, *ot*, *ut*; *av*, *ev*, *iv*, *ov*, *uv*; *ax*, *ex*, *ix*, *ox*, *ux*; *ay*, *ey*, *oy*; *az*, *ez*, *iz*, *oz*; *bla*, *ble*, *bli*, *blo*, *blu*; *bra*, *bre*, *bri*, *bro*, *bru*; *cha*, *che*, *chi*, *cho*, *chu*; *cla*, *cle*, *cli*, *clo*, *clu*; *cra*, *cre*, *cri*, *cro*, *cru*; *dra*, *dre*, *dri*, *dro*, *dru*; *fla*, *fle*, *fli*, *flo*, *flu*; *fra*, *fre*, *fri*, *fro*, *fru*; *gla*, *gle*, *gli*, *glo*, *glu*; *gra*, *gre*, *gri*, *gro*, *gru*; *pha*, *phe*, *phi*, *pho*, *phu*; *pla*, *ple*, *pli*, *plo*, *plu*; *pra*, *pre*, *pri*, *pro*, *pru*; *qua*, *que*, *qui*, *quo*; *sca*, *sce*, *sci*, *sco*, *scu*; *sha*, *she*, *shi*, *sho*, *shu*; *ska*, *ske*, *ski*, *sko*, *sku*; *sli*, *slo*, *slu*; *sma*, *sme*, *smi*, smo, smu; sna, sne, sni, sno, snu; spa, spe, spi, spo, spu; sta, ste, sti, sto, stu; tha, the, thi, tho, thu; tra, tre, tri, tro, tru.

D'après la classification et les combinaisons précédentes, l'élève s'habituera à lier ensemble toutes les lettres. L'aisance, la régularité et la promptitude, seront le résultat de cet exercice; car en écrivant les lettres perpendiculairement l'une sous l'autre, sans quitter la plume, l'élève est forcé de tenir son bras libre et légèrement, et la main ne s'éloigne pas de la position exigée. Le contraire arrive à ceux qui écrivent constamment dans une direction horizontale. Quand l'élève est complétement maître du mouvement de la main et du bras, d'abord séparément et ensuite conjointement, il peut revenir alors sur cette leçon, et faire usage de la libre articulation des doigts, en combinant l'action des doigts et celle de la main pour écrire chaque mot, et faire agir le bras quand il forme une ligne de mots liés ensemble.

Cinquième Leçon.

Quand l'élève a bien exercé sa main d'après toutes les combinaisons des lettres que renferment les Planches III, IV, V, VI, et qu'il peut écrire une colonne entière avec facilité sans quitter la plume, il peut alors commencer les mots de la Planche VII. Remarquez que les déliés ascendans sont pris de chaque délié arrondi de l'*m*, ce qui fait paraître l'écriture plus légère. Je recommande ici à l'élève d'écrire bien plus de mots qu'il n'y en a dans les colonnes de la Planche, de n'en pas faire moins de vingt sans lever la plume. Cet exercice conduit rapidement au libre mouvement du bras. En arrondissant les traits qui joignent les mots entre eux, faites mouvoir tout le bras, et conduisez la plume avec assez de légèreté pour pouvoir faire les liaisons aussi fines qu'elles le sont sur la Planche. Quand vous aurez écrit plusieurs fois les mots qui sont sur la Planche, vous pourrez écrire de la même manière les mots suivans :

Abbé, abbesse, absent, absout, absurde, accepte, adresse, admit, adore, avance, affaire, affirme, alarme, amant, amas, amuse, approuve, approche, aspire, arrêt, attaque, attache, âtre, atome, atlas, atteint, aveint;

Bal, babil, badin, bafoué, bague, bail, baille, bâillon, bain, banquet, barbe, baron, bassin, bâton, bavard, béguin, belle, berger, bétail, beurre, bien, billard, binet, bonjour, borne, bosse, bouche, bride, broncher, bulle, burin, bureau, butte;

Canal, carreau, commune, compose, concert, conduite, confiné, créer, crions, croûton, cure, cuve;

Daim, dédain, damier, dariole, débat, débit, décent, déférer, dégèle, deuil, dessus, disant, dogue, donjon, doreur, dormeur, douceur, doyen, dragée, duché, duvet;

Ébat, écart, échange, écharde, écharpe, échec, écho, éclair, éclat, écluse, école, écrit, écu, édit, effort, effroi, égal, égout, élan, emploi, encens, entrée;

Fabrique, façon, fadeur, fagot, faisant, falourde, famine, faquin, fanfan, farceur, faubourg, force, fichu, flacon, foison, fredon, fumée, futur, fuyard;

Gabelle, géant, gentil, gigue, gilet, glaçon, glouglou, gobeur, gorgée, grabat, grattoir, gruau, guerrier;

Habit, hasard, hébreu, héros, hibou, hier, hochet, honneur, huchet, huissier, humain, hymen;

Idiot, ignoble, illustre, image, impôt, inculte, inverse, iris, issue, Ithaque, ivoire, ivrogne, ivraie;

Jabot, jambon, jaunet, Jésus, jetée, jeudi, Jocrisse, jongleur, joujou, journal, juillet, jujube, jumeau, juron;

Karabe, kermesse, kyrielle;

Lacet, lacune, laïque, lavoir, leçon, lecteur, légion, licou, licteur, litron, local, logique, lourdaud, lucarne, lunette, luzerne, lycée;

Mâche, méchant, menuet, meurtrier, Michel, Milan, minute, moellon, moineau, mulet, museau, mystère;

Nanan, narine, navire, nectar, neuvaine, niché, noyau, Noël, notion, nuitée;

Obole, obsèque, obus, octave, octroi, odeur, œillet, offense, oiseau, olive, Olympe, onction, ondée, onguent, opium, orage, ortie, oseille, osier, otage, oxigène;

Païen, palette, papa, pâté, péché, pelote, peuplade, Phébus, phrase, pâte, pigeon, placard, plumet, poignard, poltron, praline, pratique, précepte, prison, prochain, public, purée, piton;

Qualité, querelle, quinze, quittance, quotient, quille, quitter;

Rabat, rabot, rebord, rébus, réveil, rhéteur, rideau, rival, robin, rochet, roman, rouleau, routier, ruisseau, rusé;

Sabbat, sabord, sablon, sabot, sachet, saisie, saumon, sauveur, scabreux, scandale, sceller, scorpion, scorbut, séant, second, secours, secret, section, sciemment, sifflet, signal, sillon, saindoux, sinet, sofa, soirée, soldat, sortie, soufflet, soutien, spiral, station, statue, stylet, succès, succion, surpoids, symbole, syncope;

Tabac, tableau, tasseau, talent, tambour, tamis, tapis, tapon, témoin, tenon, terreur, théière, tyran, tissu, tombeau, tragique, tuyau;

Union, usage, usure;

Vacance, vacarme, vaillant, vaurien, vélin, verger, verroux, vicaire, violent, voisin.

Lorsque l'élève connaît bien la véritable position de la main, qu'il possède le mouvement du bras, il doit s'occuper d'acquérir le mouvement de la main et celui du bras depuis le coude jusqu'au poignet. L'élève doit commencer l'étude de ce mouvement en faisant des caractères de forme ovale, semblables à la lettre *o*, sans lever la plume de dessus le papier, et il faut qu'il suive ce contour le plus vite qu'il pourra (*voyez* la Planche IX). Quand la plume aura parcouru à peu près vingt ou trente fois un de ces ovales, l'élève tâchera de former des lettres et des mots avec le même mouvement, et ensuite il reviendra à l'étude des ovales, qu'il répétera de nouveau jusqu'à ce qu'il ait saisi ce mouvement, de manière à pouvoir écrire avec vitesse et facilité. Pour que l'élève puisse arriver autant que possible à la perfection de l'art d'écrire, on lui fera combiner le mouvement des doigts avec celui du bras, ce qui contribue beaucoup à donner aux lettres une forme agréable; mais on ne doit pas lui permettre le mouvement des doigts avant qu'il ait l'habitude de celui du bras. Quand on jugera convenable de faire passer l'élève à l'écriture en gros, on devra employer d'abord des mots faciles et courts; ensuite on passera à des mots plus longs, toujours sans lui laisser quitter la plume, ce qui lui donnera beaucoup de hardiesse et de liberté. Quand l'élève est parvenu à une bonne écriture en gros, il peut alors se livrer à l'exercice d'une écriture expédiée ; mais il faut qu'il conserve toujours l'habitude de l'exercice en gros ; cet exercice contribuera beaucoup à donner aux lettres de l'expédiée leurs véritables formes, ainsi que de la hardiesse et de la fermeté à l'écriture. Les ovales horizontaux, ainsi que les mots (Planche X) *momentanés* et *mandemens*, sont placés à dessein de donner à la main une action libre en écrivant de gauche à droite. L'élève doit se livrer souvent à l'exercice des ovales, et il faudrait qu'il en remplît plusieurs pages avant de passer à celui des mots. Il s'efforcera d'écrire les mots de la Planche IX *bis* avec le même mouvement ; je veux dire que les doigts de dessous doivent suivre le même mouvement, de manière que, si l'on fixait une plume aux doigts de dessous, cette plume produisît simultanément les mêmes formes que le ferait la plume que tiennent les trois premiers doigts.

OBSERVATIONS.

Quand l'élève s'exerce sur les *o* avec les ovales, afin d'obtenir les mouvemens du bras et de la main, le bras droit doit rester sur la table, depuis le coude jusqu'à la main, et le coude doit être le centre du mouvement. En conséquence, tandis que le bras repose sur le coude, la première partie doit être libre ; de manière qu'il puisse exister un libre mouvement de la main, en observant toujours de garder les troisième et quatrième doigts pliés sous la main, de manière à pouvoir glisser sur la surface des ongles. On doit se conformer à cela sans aucune exception. De tous les mouvemens, c'est celui dont le maître doit le plus surveiller l'exécution. Je le regarde d'une telle importance, que je ne saurais sans cela former un élève à l'écriture expédiée. Remarquez que le poignet ne doit marcher qu'avec l'avant-bras. Le mouvement doit être exécuté principalement avec la main et l'avant-bras, qui doivent mouvoir ensemble ; le bras doit reposer sur le coude.

Sixième Leçon.

Les mots de cette leçon (Planche VIII) doivent se faire de la manière indiquée dans la précédente leçon. La seule différence est que dans celle-ci l'on donne des mots plus longs pour combiner les mouvemens ascendans et descendans de la main avec le mouvement de gauche et de droite. L'élève s'exercera d'après la Planche IX *bis*, et écrira en colonnes les mots suivans :

Acceptation, accessoire, admirable, amirauté, adversaire, aimable, amicale, annuellement, apoplexie, applicable;

Bénédiction, bienfaisant, bienséant, bienveillance, bigarrure, bigarreau, blanchement, bombardement, bouleverser, bureaucratie;

Cérémonie, charitable, commentaire; contro-

verse, cordialité, courtoisie, créancière, corroboration, cosmétique, coryphée;

Dommage, difficulté, disputerons;

Efficacité, élégance, éminence, exemplaire;

Formidable, foudroyant, foncièrement, fourmilière, furieusement;

Gouvernante, gracieusement, graduellement, guichetier, guimauve;

Habitation, harmonieux, honorablement, historiquement;

Littérature, luminaire;

Malfaiteur, mélancolique, mercenaire, misérable, momentané, multiplicande;

Navigateur, nécessité;

Opinion, occasion, objection, obscurité;

Persécuteur, pardonnable, périssable;

Quadrature, quadrille, qualification, quatrième, quelquefois, quiconque, quinzième, quolibet;

Raisonnable, réputation, relation, remarquable;

Sanctuaire, secrétaire, superflu, soumission, superlatif;

Transaction, tyrannisé, témoignage, temporairement;

Unanimement, uniquement, universel, usurpation, usuraire, uniforme;

Vaudeville, véhément, velouté, véritablement, villageoise, vindicatif, volumineux, vraiment, volubilité.

Je recommande beaucoup à ceux qui ont le désir d'exceller dans l'art d'écrire, la méthode de calquer dont j'ai parlé plus haut; mais comme l'écriture en fin ne peut pas se voir distinctement à travers un papier qui n'est pas préparé, je conseille d'employer du papier préparé comme ci-dessous. L'élève doit calquer chaque lettre, chaque mot et chaque ligne avec un crayon de mine de plomb.

MANIÈRE DE PRÉPARER LE PAPIER A CALQUER.

Prenez une feuille de papier fin et frottez-la bien, des deux côtés, avec un petit pinceau trempé d'huile; prenez un morceau de linge et frottez la feuille jusqu'à ce qu'elle soit bien sèche; ensuite tenez-la devant le feu pendant quelques minutes, et alors vous pourrez vous en servir. Placez ensuite la feuille préparée sur le modèle que vous avez l'intention de tracer, et vous verrez parfaitement l'écriture à travers : de cette manière on peut copier et imiter toute forme d'écriture.

OBSERVATIONS SUR LA PLANCHE II.

Cette Planche offre le genre d'écriture que pourra avoir l'élève, s'il se conforme avec attention et persévérance aux préceptes renfermés dans les pages précédentes. Si par négligence ou toute autre cause l'élève trouvait qu'il n'a point assez fait de progrès, après avoir suivi régulièrement toutes ses leçons, il faut alors qu'il les recommence, depuis la première jusqu'à la dernière ; ensuite qu'il copie les exercices 21 , 22 , 23 , 24 , jusqu'à ce qu'il ait atteint le genre d'écriture de la Planche X. Quand l'élève peut écrire passablement dans le genre ci-dessus, pour acquérir une plus grande liberté il copiera les Planches XXV, XXVI, XXVII, et les phrases qu'il jugera convenable.

LETTRES CAPITALES (Planche XII).

J'ai donné ici la manière de faire les lettres capitales, par le mouvement du bras, sans lever la plume de dessus le papier, en les liant toutes ensemble, ce qui donne une aisance extraordinaire. Je fais observer que la première lettre, au commencement de chaque carré, ne continue pas, la première lettre étant faite isolément ; on joindra deux lettres ensemble, ensuite trois, ensuite quatre, etc. : en joignant une lettre de plus chafois, la difficulté devient moindre que si l'élève cherchait à en joindre plusieurs d'un seul trait. L'élève peut joindre, de cette manière, toutes les lettres qu'il lui plaira : on verra que la plume doit être dirigée obliquement de gauche à droite.

MÉTHODE TOUTE NOUVELLE

POUR PERFECTIONNER SON ÉCRITURE AU MOYEN
DE CARRÉS.

INSTRUCTIONS POUR LES PETITS CARRÉS (Pl. XIII,
page 12).

RÉGLEZ la page sur laquelle vous voulez écrire
en carrés, de dimensions aussi égales que possible.
Il n'est pas nécessaire d'écrire les figures comme
elles sont sur les planches; la page réglée comme
nous venons de le dire, on suivra attentivement
les instructions suivantes. Commencez par faire
deux *m* (comme dans la planche) entre les chiffres
1 et 3; ensuite, sans quitter la plume, écrivez
dessous la ligne de 3 à 4; et toujours sans lever
la plume, faites deux *m* entre 4 et 6, relevez la
ligne de 6 à 5, et faites deux *m* entre 5 et 7; re-
descendez la plume de 7 à 8, et ainsi de suite
jusqu'à la fin des premières lignes de carrés. Commencez la ligne suivante de carrés, et écrivez
deux *m* entre 2 et 4; faites descendre la plume
sur la ligne de 4 à 29, et écrivez des *m* de 29 à
31, et ainsi de suite jusqu'à ce que les carrés
soient remplis de la même manière, en observant

toujours, lorsque vous faites monter ou redescendre la plume le long des lignes, de le faire
par le seul mouvement du bras. Cette méthode
a beaucoup d'avantages sur celles qui ont été pu-
bliées sur l'art d'écrire. 1°. Le mouvement perpendiculaire se conserve bien en faisant monter
et redescendre la plume sur le trait de chaque
côté du carré, et le bras conserve toujours la position voulue au commencement et à la fin de chaque ligne. 2°. Par cette méthode on épargne considérablement de papier, car en retournant le papier sens dessus dessous, on peut écrire comme
auparavant sur les côtés des carrés : on peut écrire
en gros dans les entrelignes. Je recommande toujours que chaque mot ou chaque ligne d'écriture
en gros soit écrit sans que la plume quitte le papier. Le milieu de chaque carré, qui est encore
vide après que l'on a écrit en gros, peut se remplir avec de petites lettres capitales. 3°. Les carrés
contribuent beaucoup à donner de la régularité à
l'écriture, ils forcent à la serrer davantage : de
cette manière on corrigera cette expédiée maigre,
efféminée et gribouillée, malheureusement trop
commune aujourd'hui et acquise par une méthode
introduite depuis quelques années, appelée communément méthode des angles et des lignes, écriture lâche qui demande deux lignes pour écrire ce
que pourrait en contenir une seule.

INSTRUCTIONS POUR LES CARRÉS LONGS (SUIVANT LA PLANCHE MARQUÉE N° XIV).

On peut régler les carrés de n'importe quelle largeur et quelle longueur, suivant enfin la longueur du mot que l'on a dessein d'écrire : c'est à la volonté du maître ou de l'élève. On suivra, pour opérer ces carrés, la même marche que pour les autres, à l'égard du mouvement, de la manière de s'asseoir, etc. ; pour rendre l'élève capable d'exécuter bien correctement, je procéderai par parties de carrés.

Commencez par le mot commandement ou tout autre mot, et écrivez-le entre 1 et 3 ; ensuite, sans que la plume quitte le papier, opérez la ligne du bas de 3 à 4 ; écrivez encore le mot commandement entre 4 et 6 ; faites ensuite la ligne de dessus de 6 à 5, et écrivez encore le mot comme avant, et le dernier mot arrivera à 10, ainsi de suite jusqu'à la fin.

INSTRUCTIONS POUR LA PLANCHE XV, QUI COMMENCE AVEC DE LARGES M, ET DONT LA GROSSEUR VA EN DIMINUANT.

En écrivant les *M* dans cette Planche, l'élève doit élever son bras deux pouces au-dessus de la table ou du pupitre, et mouvoir le bras du haut en bas du papier sur la surface des ongles des troisième et quatrième doigts, dans une position perpendiculaire.

Prenez une plume sans encre et passez sur les traits de la Planche, plusieurs fois et aussi vite que vous le pourrez, et par ce moyen le mouvement perpendiculaire que cette méthode de l'écriture réclame, sera bien plus tôt acquis que par l'imitation, en observant que la plume ne doit pas quitter le papier dans toute la page. Quand vous écrivez avec de l'encre, ayez soin de faire la liaison qui part du bas aiguë, et d'arrondir la partie supérieure. Lorsque l'élève copiera cette Planche avec pureté et qu'il l'exécutera avec facilité, il pourra commencer à écrire de la même manière des mots quelconques en gros, et en diminuer la grosseur des caractères, jusqu'à ce qu'ils soient de la grosseur des petites *m* qui sont dans la Planche. Je recommande fortement cette méthode à l'élève, parce qu'elle donne beaucoup de hardiesse à la main et une liberté étonnante dans l'exécution.

INSTRUCTIONS POUR LA PLANCHE XVI.

On remarquera, dans cette Planche, que les mots sont d'abord écrits en gros caractères, et qu'ils diminuent graduellement au moyen d'une ligne diagonale tirée d'un angle de la page à l'autre : j'ai obtenu un grand avantage de cette méthode, parce que c'est une sorte d'échelle pro-

pre à faire écrire des mots de toute grandeur et
de toute largeur, depuis l'écriture tout-à-fait grosse
jusqu'à la plus fine possible, par des gradations
presque insensibles. Cette invention simple et
cependant très utile, est d'un très grand avantage
pour ceux qui ont une écriture courante griffonnée, parce que, au moyen de cette échelle, ils
peuvent donner à leur écriture la grosseur qui
leur plaît. Dans la Planche XVII, j'ai donné le
modèle de ma manière d'écrire au moyen des carrés : c'est à peu près le même procédé que celui
que j'ai enseigné plus haut; la seule différence,
c'est que ceux-ci indiquent la pente que doit avoir
l'écriture. Ils peuvent être aussi d'un grand secours pour donner la vraie position de la plume :
en tenant la plume parallèle avec les lignes, la
tête se dirigera naturellement à l'épaule.

L'élève s'exercera d'après la Planche XVI *bis*.

INSTRUCTIONS POUR LA PLANCHE XVIII.

Les lignes de cette planche servent à démontrer
comment les lettres et les mots peuvent être joints
ensemble sans que la plume quitte le papier :
l'élève peut continuer ainsi tout le long de la page
au moyen des traits qui se prolongent d'une ligne
à l'autre; par ce moyen il n'est aucun mot ni
aucune lettre qui ne puisse être faite sans quitter
la plume; l'alphabet même pourrait être écrit

depuis le commencement jusqu'à la fin, sans que la plume quitte le papier.

Nous recommandons aux élèves de se mettre la main en jeu, lorsqu'ils commencent une séance, par quelques exercices qui contribuent à acquérir la liberté des mouvemens combinés. Les Planches VIII, XXVIII et XXIX offrent des modèles propres à atteindre à ce but.

INSTRUCTIONS POUR LA PLANCHE XIX.

L'EFFET que produit le mouvement alternatif de l'écriture en gros et de l'écriture en fin, est de donner plus de hardiesse à la petite écriture; les gros caractères demandent un grand mouvement, et conséquemment si la plume ne quitte pas le papier, l'élève obtiendra bien plus vite la facilité de tracer des petits caractères. En combinant les lettres capitales avec les petites, la main acquerra une très grande liberté. Le maître peut faire écrire les lettres capitales de l'alphabet sur une ardoise, excepté les lettres B, F, P, S, T, W, qui ne peuvent pas se lier, avant de les faire écrire sur le papier, son élève n'en acquerra que plus d'assurance. Il est extrêmement utile de joindre ou d'assembler des mots au moyen de longues S, et d'assembler l'alphabet en petits caractères, alternativement avec de longues S tout le long de la ligne : ces deux exercices sont un moyen efficace pour acquérir une grande facilité.

La Planche qui commence par ces mots : *Considérez l'homme*, etc. (Planche XXIV), sera encore un bon exercice pour l'élève ; mais il faut que la plume touche à peine au papier. Cet exercice est fait à dessein de combattre la disposition qu'ont la plupart des élèves à appuyer la plume sur le papier.

COMPOSITION DE DIFFÉRENTES SORTES D'ENCRE.

Les substances qui composent les différens ingrédiens que l'on emploie pour faire l'encre noire, sont généralement la noix de galle, la couperose et la gomme arabique. Les meilleures noix de galle sont velues sur la surface, et sont à la fois solides en dedans et en dehors ; la bonne couperose se distingue par sa couleur bleue céleste ; la bonne gomme arabique est claire et transparente, et se casse facilement. L'encre acquiert son noir des substances ferrugineuses de la couperose dont on modère l'acide par la noix de galle, substance végétale dont la propriété est de donner au fer une couleur plus noire, en y ajoutant un phlogistique huileux. Il est prouvé, par une expérience curieuse, que l'encre prend son noir principalement du fer qui existe dans la couperose. Pour en avoir la preuve, laissez infuser de l'acide nitrique dans l'encre, elle deviendra sur-le-champ blanche et transparente, parce que ce même acide dissout le fer, et d'après les divers arrangemens de ses parties il opère son transparent. Si vous introduisez ensuite une substance alcaline dans le liquide, l'acide se joint à l'alcali, se détache du fer, et rend alors à l'encre son premier noir.

ENCRE ORDINAIRE. — Prenez seize onces de belles noix de galle, et pilez-les dans un mortier; ou autrement, prenez quatre onces de bois de campêche, et coupez-le en petits morceaux. Faites réduire de moitié tout cela dans quatre pintes d'eau, qui doit être bouillante; puis prenez deux onces de couperose en poudre, et trois onces de gomme arabique : mêlez-y ceci (mais passé dans un petit linge). Au bout de quelques heures on peut écrire avec cette encre, qui, ainsi préparée, est très belle et donne du brillant et de la beauté à l'écriture.

AUTRE MÉTHODE. — Prenez trois pintes d'eau de pluie et seize onces de noix de galle pilées; faites-les bouillir à petit feu jusqu'à ce que l'eau soit diminuée des deux tiers; ensuite jetez dedans deux onces de gomme arabique, que l'on a déjà fait fondre dans une pinte de vinaigre; ajoutez-y six onces de couperose en poudre; faites bouillir ce mélange encore deux heures : vous pouvez ensuite la mettre en bouteilles et vous en servir.

ENCRE BLANCHE POUR ÉCRIRE SUR DU PAPIER NOIR. — Prenez des coquilles d'œufs frais, extrêmement bien nettoyées; ôtez la pellicule qui est dedans, et faites de ces coquilles la plus belle poudre blanche possible, que vous nettoyez bien avec de l'eau sur une table de marbre. L'eau et la poudre ainsi mêlées se mettent dans un vase propre, et restent ainsi jusqu'à ce que la poudre tombe au fond; alors vous ôtez l'eau, et vous faites sécher petit à petit la poudre au feu ou au soleil. Vous prenez de là gomme en morceaux ronds ou ovales, blanche en dedans et jaunâtre en dehors, bien lavée et dépouillée du jaune qui la colorait; mettez-la dans du vinaigre distillé, vous le verrez blanchir dans l'espace de deux heures; on le passe dans un linge, et on le mêle avec la poudre de coquilles d'œufs. Cette encre est tellement blanche, qu'on peut même la distinguer sur le papier ordinaire.

ENCRE JAUNE. — Pour faire de l'encre jaune, il suffit de faire bouillir du safran avec de la gomme.

ENCRE BLEUE. — On fait cette encre en faisant dissoudre ensemble de l'indigo, du blanc de plomb et de la gomme.

ENCRE VERTE. — Faites bouillir de la semence de chiendent dans de l'eau, et ajoutez-y un peu d'alun de roche.

ENCRE ROUGE. — Prenez quatre onces de bois de Brésil, à peu près pour un sou d'alun romain, un sou de gomme arabique et deux de sucre candi; faites bouillir le tout pendant une demi-heure, à petit feu, dans une pinte d'eau, et vous pourrez ensuite en faire usage.

Il est extrêmement facile de faire de l'encre de quelque couleur que l'on désire. On la compose par de fortes décoctions de substances de couleurs employées en teinture, et mêlées avec un peu d'alun ou de gomme arabique.

POUR ENLEVER L'ÉCRITURE DE DESSUS LE PAPIER OU LE PARCHEMIN.

Faites réduire en poudre une égale quantité de chaux vive et d'os brûlés, et mélangez le tout; étendez cette mixtion pendant vingt-quatre heures sur du papier, et les caractères en disparaîtront totalement.

AUTRE MANIÈRE. — Mettez dans une once d'huile de vitriol ou d'eau forte une once en poudre d'ambre gris ou jaune; prenez un pinceau pour étendre ce mélange sur toutes les lettres, et elles disparaîtront sur-le-champ; mais il faut passer aussitôt de l'eau sur le papier, sans quoi il resterait jaune.

AUTRE MANIÈRE. — Faites dissoudre de l'acide oxalique dans de l'eau claire; passez-en sur l'écriture, et repassez de suite par-dessus de l'eau d'alun : cela fera disparaître aussitôt l'écriture.

Je me suis ainsi efforcé de donner à mes lecteurs une notion courte, mais exacte, des substances qui contribuent à répandre l'art d'écrire Si je l'avais jugé utile à la profession que j'exerce, il m'eût été très facile de rassembler une masse embarrassante de semblables faits ; mais je n'ai pas dessein d'entretenir mes lecteurs par des élémens prétentieux d'une vaine érudition. Je n'ai eu que le désir de faire le plus clairement possible l'exposition de l'histoire de cet art, et des diverses modifications qu'il a subies dans les différens siècles et chez toutes les nations.

La simple lecture de cet ouvrage fait connaître combien se sont trompés ceux qui prétendaient que le système de Carstairs n'était fondé que sur le mouvement du bras ou sur celui du poignet ; l'auteur, persuadé, 1°. que l'écriture produite par le simple mouvement de l'articulation des doigts ne pouvait jamais conduire à l'expédiée ; 2°. que celle qui résulte du simple mouvement du bras ou du poignet ne fournit que des caractères angulaires, a reconnu la nécessité de combiner ensemble le triple mouvement du bras, du poignet et des doigts. C'est là ce qui a été la base de son système. Plus jaloux de la gloire d'être utile qu'excité par une basse cupidité, il s'empressa de démontrer à ses compatriotes cette méthode qui devait créer une nouvelle ère dans l'art de la calligraphie, et il mit à ses leçons un prix si modéré, que les classes peu fortunées y trouvaient une double économie, sous le rapport du temps et de l'argent. Il est à regretter que ceux qui ont importé cette méthode en France n'aient pas imité son noble désintéressement et aient établi une espèce de monopole sur leurs concitoyens. Quelques personnes reconnaissant tout l'avantage de ce système, animées du désir de le propager, ont, par divers ouvrages, cherché à répandre les connaissances qui leur avaient été transmises; mais la plupart se renfermant dans un cadre trop étroit, n'ont donné que des traités qui sont loin d'être complets.

Animé d'un désir purement philanthropique, désirant propager cette méthode dans toutes les classes de la société, nous en offrons au public une traduction, accompagnée d'un atlas renfermant un grand nombre de modèles dont nous avons confié la gravure au talent de M. Dien. Cette édition, quoique moins chère que celles qui ont paru jusqu'à ce jour, sera infiniment plus complète.

RÉPONSE

DE M. TRÉMERY A M. JULIEN.

N° I.

Lynx envers nos pareils et taupes envers nous.

Si la sincérité avait présidé à l'examen rigoureux qui a été fait de l'ouvrage que j'ai livré au public, si les inculpations étaient fondées, si les erreurs que l'on y signale pouvaient m'être attribuées, ou même portaient quelque atteinte à la méthode de l'auteur que j'ai traduit, loin de prendre la plume pour repousser une critique injurieuse, je me bornerais à prévenir l'auteur de la lettre que je me suis empressé de rectifier les fautes légères qui ne devaient être attribuées qu'au graveur auquel j'ai confié mes Planches, et je lui adresserais des remercîmens pour le soin qu'il aurait pris de rendre mon ouvrage digne du suffrage du public. Mais quel sentiment dois-je éprouver en me voyant injustement blâmé pour quelques inexactitudes de gravure, qui, loin de nuire à la méthode, ne peuvent même être commises par qui que ce soit, quand bien même on voudrait les imiter ? Après avoir donné une traduction beaucoup

plus complète et plus exempte de fautes que celle
de M. Julien, comme il me sera facile de le prouver, je ne puis attribuer qu'à l'effet de la cupidité
la critique d'un spéculateur entièrement étranger
à l'art de l'écriture, ce qui est démontré par les
fautes dont fourmillent les cahiers de M. Julien.
Loin d'éluder les reproches que fait l'auteur de la
critique, je les suivrai de point en point. Le premier est celui de la roideur, qui, dit-il, existe
dans quelques Planches. Mais M. Carstairs, si
c'est lui qui parle, nous dit : *Les productions du
burin le plus exercé se ressentent toujours de la
roideur de l'écriture à main posée*..... et plus bas,
*c'est un reproche que j'ai toujours eu occasion d'a-
dresser à mes graveurs, quoique je les aie constamment dirigés par mes avis, et que les modèles que
je leur donnais à reproduire portassent au plus
haut degré un caractère de liberté. Toutefois si
le défaut que je signale dans les exemples de
M. Trémery, eût été le seul, je l'aurais passé
sous silence; mais les Planches XXIV et XXV
présentent une inégalité et une roideur qui méritent
la censure la plus rigoureuse.* La clémence du critique est un peu ambulatoire; il consent à regarder
cette faute comme pouvant être passée sous silence, puis, quelques lignes plus bas, *cette roideur mérite la censure la plus rigoureuse.* Je le
demande à M. Carstairs, toutes les Planches de
l'édition de M. Julien portent-elles le même ca-

ractère de liberté? les deux modèles de la Planche
XIX ne se ressentent-ils pas de la plus grande roideur, et n'y remarque-t-on pas une écriture posée, serrée, moins penchée que ne l'est celle du
professeur? *Pourrait-on exécuter une écriture semblable avec rapidité?* Il est plaisant que l'auteur de
la lettre me combatte avec des armes qu'il me met
bientôt entre les mains, et dont je puis disposer
avec tant d'avantage. Voyons le reproche suivant:
*La lettre capitale de la quatrième ligne de la
Planche XXVI est inexécutable à la plume, les
pleins se trouvent à la place des déliés.* Ici je me
reprocherais d'avoir compromis le nom de M. Carstairs, si je ne m'étais hâté de rectifier cette faute
qui n'a paru que dans quelques exemplaires, et si
dans l'ouvrage de M. Julien, supposé *revu et
corrigé* par M. Carstairs, je ne voyais la même
faute reproduite plus de trente fois dans les *d*
de la Planche XIII, cinq fois dans les six lignes
de la planche III, et je ne sais combien dans beaucoup d'autres où la lettre *d* présente constamment
dans sa partie supérieure un faux effet de plume
en offrant un plein où doit être le délié. S'il était
possible qu'un écrivain pût tomber dans une erreur aussi grave, je l'attribuerais à M. Carstairs;
mais persuadé que ce professeur ne peut en commettre d'aussi grossières et aussi souvent répétées,
le public ne l'attribuera qu'à M. Julien, qui, entièrement étranger à l'art de l'écriture, a dû laisser

le soin des Planches au graveur, se réservant toutefois celui d'avancer, en spéculateur habile, qu'elles
avaient été revues et corrigées par l'auteur de la
méthode. Comment serait-il possible que M. Carstairs eût aperçu dans ma traduction une lettre
dans laquelle les principes sont altérés, et qu'il
n'eût pas vu la même faute reproduite à l'infini
dans le cahier de M. Julien? Serait-il possible que
M. Carstairs parlât d'inégalités? Qu'il compare
mes Planches à celles de M. Julien; je dis de
M. Julien, car je ne puis attribuer de pareilles
fautes au talent de l'auteur anglais que j'ai traduit.
*Il serait honteux qu'un professeur d'écriture pût
se rendre coupable d'une inexactitude aussi cho-
quante* que celle que l'on remarque entr'autres
dans la Planche XIII. Je ne parle point des TRENTE
ET QUELQUES FAUTES que j'ai déjà signalées dans
cette Planche. Je parle des irrégularités sans
nombre qui s'y trouvent, surtout dans l'Écriture
en fin. Le parallélisme n'y est nullement observé;
inégalités dans les bases, inégalités dans la pente,
inégalités dans les hauteurs. On ne pardonnerait
pas ces fautes au plus mince écolier, et cependant
cette Planche est signée du nom de Carstairs, qui
serait sans doute bien fâché de voir son nom accolé
à un tel griffonnage : *Car ne le rendra-t-on pas
responsable de ces défauts? Lequel, de M. Julien
ou de lui, supportera cette censure méritée? Ceci
ne prouve-t-il pas que M. Julien a publié son livre*

plutôt pour en faire une marchandise que pour se rendre vraiment utile à ceux qui veulent l'étudier? L'auteur de la lettre nous reproche la maigreur des caractères de la Planche XIII, ce qui nous prouve que M. Julien, entièrement étranger à cette partie, n'a pas senti le but que se propose le calligraphe anglais. En faisant établir cette Planche, M. Carstairs ne l'a-t-il pas donnée dans l'intention de démontrer la nécessité de tenir la plume avec la plus grande légèreté? ne dit-il pas que ce procédé doit combattre la disposition qu'ont un grand nombre de personnes à trop appuyer sur la plume? On ne saurait donc faire le trait trop fin, et si quelqu'un avait sujet de se plaindre, ce devait être l'éditeur, qui se trouve dans cette circonstance obligé de faire regraver la Planche plus tôt qu'il ne l'aurait fait; mais il faut trouver des fautes, et l'on dit que la planche est égratignée. On va même jusqu'à attaquer le format, qui est infiniment plus commode que celui de M. Julien. Il faut avoir bien peu de raisons solides pour faire une semblable censure. Que dit M. Carstairs dans son texte? Ne recommande-t-il pas d'écrire sur des feuilles de papier de deux pieds carrés, et de faire des colonnes de toute la longueur? Ce précepte, que j'ai jugé convenable de ne pas traduire littéralement, prouve suffisamment que, quand bien même mes colonnes auraient quelquefois quelques lignes de moins que les siennes, le résul-

tat sera toujours le même, puisque M. Carstairs
recommande de faire en sorte que la copie excède
de douze fois environ la hauteur même de son
original.

Vient ensuite le grand reproche, la grande faute
sur laquelle l'auteur de la lettre se récrie avec
tant de force : un trait de burin jeté par le graveur à la fin d'un mot !!! Ici la mauvaise foi se
décèle dans tout son jour. Je le demande à M. Carstairs, au nom de la vérité, une semblable faute
peut-elle être imputée à qui que ce soit; et faite
comme elle l'a été par le graveur, est-elle pré-
judiciable à son système? Je le répéterai encore,
de semblables reproches dénotent l'absence de
bonnes raisons. Quel a été le but de M. Carstairs
en donnant les deux modèles dont M. Julien n'a
pas su connaître l'utilité, et qu'il a jugé convenable de supprimer, *dans la crainte sans doute
de se mettre en dépense?* Le but de M. Carstairs a
été de donner deux modèles d'exercices tendant
à faire acquérir à l'élève le libre mouvement du
bras. Mais M. Julien, plus apte à critiquer les
ouvrages des autres qu'à soigner les siens, s'est
hâté de m'adresser un reproche que le bon sens
repousse. Et je le demande à M. Carstairs, la
forme des traits qu'il a décrits n'est-elle pas arbi-
traire? L'auteur lui-même referait-il les mêmes
traits avec la même précision? Non sans doute; il
ne le tenterait même pas. Il en reconnaît d'ail-

leurs l'inutilité. Il suffisait donc d'obtenir des si-
nuosités qui pussent se rattacher à la lettre ini-
tiale du mot *mène*; j'ai donc dû, pour la plus
grande facilité du graveur, lui abandonner le soin
de ces traits. L'erreur qu'il a commise, et qui, je
le répète, ne pouvait être d'aucun préjudice, a
été corrigée, mais pas assez promptement pour
que mon antagoniste ne profitât pas de cet avantage. Avec quel soin n'a-t-il pas fait ces recherches minutieuses sur mon ouvrage! Pourquoi donc
n'a-t-il pas mis autant de zèle à corriger les fautes
nombreuses qui sont dans le sien (1)? Comment
n'a-t-il pas vu que les lettres majuscules D et L
présentent souvent dans la boucle de la base un
demi-plein au lieu d'un délié, que la partie supérieure de la majuscule F de la Planche XXI et
celle de la lettre T sont inexécutables, parce
qu'elles présentent un faux effet de plume?

Tous ces défauts ne nous avaient pas échappé;
mais loin d'être mu par un bas sentiment de jalousie, nous nous étions bien gardé de les signa-
ler. Nous savons que le moyen d'obtenir les suffrages du public n'est pas de déverser le blâme
sur les ouvrages qu'on lui a offerts, mais de lui en
présenter de supérieurs à ceux qui existent déjà.
Si nous n'avons pas rendu le nôtre exempt de

---

(1) Dont il a publié trois éditions sans la moindre cor-
rection.

tous défauts, nous avons la satisfaction d'être convaincu qu'il est de beaucoup supérieur à celui de M. Julien ; ce qu'il est facile de vérifier en comparant les deux ouvrages.

Que M. Julien ne pense pas que je ne pourrais point porter plus loin ma critique. Je me suis contenté de répondre aux objections qu'il m'a faites ; j'ai voulu lui démontrer que les fautes qu'il a recherchées avec des soins si minutieux dans mon ouvrage, il les avait multipliées à l'infini dans le sien, ainsi que je pourrai le prouver dans un second examen.

Quant à nous, nous pensons avoir atteint le but que nous nous proposions en offrant au public une traduction qui réunit l'avantage, 1°. d'être beaucoup plus complète que celles qui ont paru jusqu'à ce jour, et d'un format beaucoup plus commode ; 2°. de donner à des Français des modèles écrits en français et non en anglais, comme l'a fait M. Julien ; 3°. enfin d'être exempte des nombreuses fautes qui se rencontrent dans celles qui ont précédé la nôtre.

Nous regrettons que M. Julien nous ait contraint de lui répondre aussi rigoureusement. Il n'aurait sans doute pas provoqué cette réponse s'il eût réfléchi, 1°. que le public ne verrait dans sa lettre qu'une attaque fondée sur un sentiment de jalousie ; 2°. que la discussion qu'il a ouverte pourrait devenir une arme dont la malveillance ne manquera pas de se saisir pour nuire à la méthode. Loin de nous abandonner au bas sentiment de l'envie, nous espérons qu'il corrigera dans une nouvelle édition les fautes qui existent dans la sienne, fautes qu'il nous a forcé de lui indiquer publiquement; et nous lui adressons de sincères remercîmens du zèle qu'il a mis à faire adopter par l'Université la méthode que nous cherchons tous deux à propager.

TRÉMERY,

Professeur d'Écriture, rue du Coq-Saint-Honoré, n° 8.

FIN.

TABLE
DES MATIÈRES.

Extrait du Rapport de la Société des Méthodes d'enseignement sur la traduction du Système d'écriture de Carstairs, par M. Trémery.. . . . . *Page* 1

Avertissement du traducteur. 3

PREMIÈRE PARTIE.

Histoire de l'Écriture. 9

Substances employées pour l'Écriture. 20

Adresse de l'Auteur aux Professeurs. 27

Raisons qui ont déterminé l'Auteur à s'écarter des anciennes méthodes. 32

Lecture de Carstairs sur l'Écriture. — Difficultés de l'Écriture. 36

Observations. 47

Aux jeunes gens et aux personnes d'un âge mûr. 53

Sur l'Écriture des Dames. 54

Observations adressées aux Médecins et aux Chirurgiens. 55

Observations générales. 57

Avantage des commis et satisfaction des négocians. . . 66

Déclaration de M. Carstairs. 67

De la manière de tailler la plume. 69

DEUXIÈME PARTIE.

Méthode Nouvelle et Universelle, inventée par Carstairs, pour apprendre l'Art d'écrire par analyse et par mémoire; méthode par laquelle l'enseignement et la connaissance demandent beaucoup moins de temps....................................*Page* 75

Sur la position de la main et la tenue de la plume.... *ibid.*

Instructions pour les exemples Planche I.......... 80

Instructions pour la Planche II................. 82

Plan tout-à-fait nouveau pour procurer une amélioration dans l'Écriture de commerce par un mouvement particulier de la main, contenant une combinaison curieuse des beautés et des régularités de l'Écriture anglaise; inventé par Carstairs................ 84

Première leçon 85

Deuxième leçon........................... 89

Troisième leçon........................... 91

Quatrième leçon.......................... 92

Cinquième leçon.......................... 96

Observations............................ 101

Sixième leçon............................ 102

Manière de préparer le papier à calquer.......... 104

Observations sur la Planche II................. *ibid.*

Lettres capitales.......................... 105

Méthode toute nouvelle pour perfectionner son écriture au moyen de carrés......................... 106

Instructions pour les petits carrés. (Planche XIII, page 12.)........................... *ibid.*

Instructions pour les carrés longs (suivant la Planche marquée n° XIV)...................... 108

Instructions pour la Planche XV, qui commence avec de larges *m*, et dont la grosseur va en diminuant... *ibid.*

Instructions pour la Planche XVI.............. 109

Instructions pour la Planche XVIII............. 110

Instructions pour la Planche XIX.............. 111

Composition de différentes sortes d'Encre...... *Page* 112

Encre ordinaire............................ 113

Autre méthode............................. *ibid.*

Encre blanche pour écrire sur du papier noir....... *ibid.*

Encre jaune.............................. 114

Encre bleue.............................. *ibid.*

Encre verte.............................. *ibid.*

Encre rouge............................. *ibid.*

Pour enlever l'écriture de dessus le papier ou le parchemin............................ 115

Autre manière........................... *ibid.*

Autre manière........................... *ibid.*

Réponse de M. Trémery à M. Julien.......... 119

FIN DE LA TABLE DES MATIÈRES.

www.ingramcontent.com/pod-product-compliance
Lightning Source LLC
Chambersburg PA
CBHW071556220526
45469CB00003B/1031